VLADIVOSTOK

日本から2時間半で行けるヨーロッパ

ウラジオストクを旅する43の理由

JN227974

朝日新聞出版

はじめに

なぜ、いまウラジオストクを旅するべきなのか

いま海外旅行のトレンドを先取りする有力候補はどこか、ご存じだろうか。それは「日本にいちばん近いヨーロッパ」といわれる極東ロシアの港町、ウラジオストクだ。

日本海を挟んで日本列島の対岸に位置し、札幌と同じ緯度、新潟からは約800㎞、成田からのフライト時間はわずか2時間半。日本と欧州を陸路でつなぐシベリア横断鉄道の始発駅がある。

なぜ、いまこのウラジオストクが注目されているのか？

そこは、文字どおり「日本海に面した港町」だ。時差は日本より1時間早い。それなのに、ヨーロッパがある。それもソ連時代の社会主義建築ではなく、基層となっているのは帝政ロシア時代に造られた優美なものだ。近隣アジアの都市で見かける高層建築はほぼないため、昔ながらのヨーロッパの趣が残っている。

質の高いレストランが多いのにも驚かされる。ロシア料理だけでなく、日本海の海鮮を素材としたシーフード料理店、そしてコーカサスや中央アジアの料理店がそこかしこにある。たとえば、ジョージア（旧グルジア）料理である。日本ではほとんど味わうことので

BOCTOK

その1

2017年夏からビザの取得が簡単になった

ウラジオストクに空路と海路で入国する場合に限り、ネット申請手続きだけですむ電子簡易ビザ（P157）が発給されるようになった。8日間限定でロシア沿海地方に滞在できる。ビザ取得のための煩雑な手間から解放された。

その2

韓国並み！日本からフライト2時間半

東京からウラジオストクへのフライト時間はわずか2時間半。大阪や札幌からはもっと近く、フライト時間はさらに短い。物価も日本に比べて安く、町もコンパクトにまとまっているので、2泊3日の週末旅行でも十分楽しめる。

その3

昔のイメージは一変。明るいヨーロッパの港町へ

かつての暗くて〝おそロシア〟なイメージは、もう過去のもの。ヨーロッパの港町そのもののウラジオストクでは、ただ通りを散策しているだけで気分がいい。食事もおいしく、ロシア料理だけでなく、多彩な料理を味わえる。

きない独特のスパイシーな味覚は、世界最古とされるジョージアワインとともにこの町の人たちに愛されている。

ロシアバレエの殿堂、サンクトペテルブルクにあるマリインスキー劇場の沿海地方ステージもある。極東唯一の本格的な劇場だ。そこには日本人バレリーナが数名所属し、1年を通じて公演が行われている。そして、ウラジオストクには、歴史的に日本とのゆかりの場所がいくつもある。

これまで私は中国の北方、かつて満州と呼ばれた地域の旅行書を書くため、何度も現地に足を運び、中国とこの地域の変化を眺めてきた。国境を接するお隣の国ロシアにバスや船を使って訪ねたこともあった。こうした旅を通じて、極東ロシアが同じ意味で日本との歴史的なゆかりのある地域であることを知るに至った。

ロシアについて専門的に学んできた人間ではないけれど、いま極東ロシアで起きていることが面白くてたまらない。だが、この地域に関する一般の理解は、灯台下暗しというほかなく、ウラジオストクの成り立ちや現在の姿をわかりやすく紹介する入門書が必要だと考えた。そして、この町に住むロシアの人たちが日本人に対していかにフレンドリーに接してくれるか。それらも含めたウラジオストクの魅力を伝えることが、本書を企画した理由である。

そこで、あらためて問うことにしたい。なぜ、日本からこんなに近くにヨーロッパの町があるのだろう？

その謎解きこそ、ウラジオストク旅行の本当のテーマといえるかもしれない。

Влади

その4

ロシア側も観光に力を入れ始めた

2018年のFIFAワールドカップ・ロシア大会の期間中、200万人の外国人の呼び込みに成功したことから、ロシアは観光客の受け入れに積極的に取り組み始めている。現地のロシア人は親日的で、日本人との交流を待ち望んでいる。

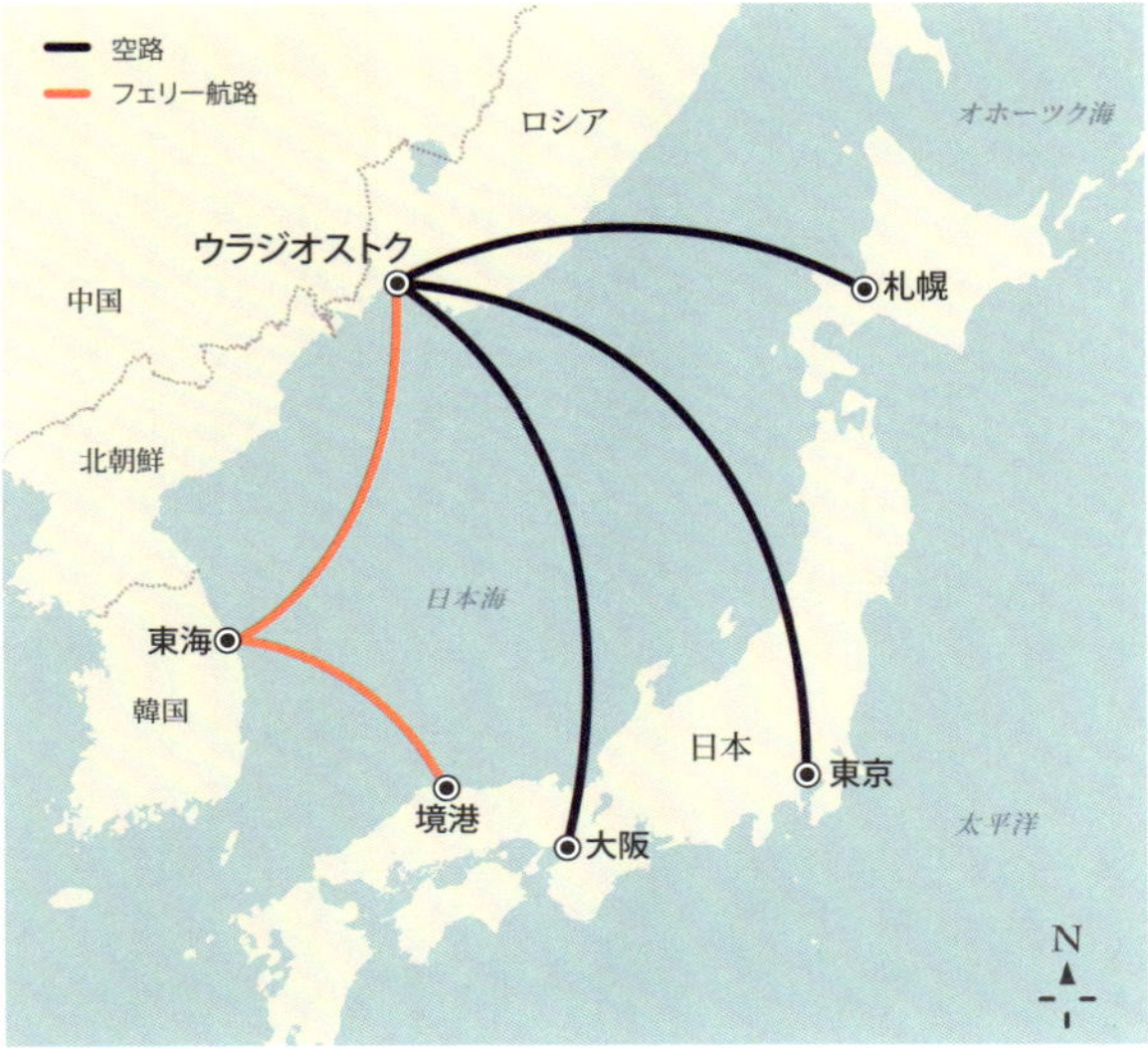

CONTENTS

ウラジオストクへのアクセスと市内中心部

日本からウラジオストクへのアクセスは、2019年7月現在、成田国際空港と関西国際空港、新千歳国際空港から直行便が飛んでいる。成田国際空港からのフライトは2時間半だが、関西国際空港や新千歳国際空港からのウラジオストクへの距離はもっと近いので、フライト時間はさらに短い。

鳥取県境港から週1便の定期フェリーが運行されている。韓国の東海《トンヘ》経由となるため、2泊3日の船旅となる。

＊　＊

ウラジオストク中心部は、金角湾の入り江に面したわずかなスペースに形成されており、ほとんどの観光スポットに歩いて行けるほどコンパクトにまとまっている。ただし、すぐ背後はゆるやかな丘に連なっているので、坂道が多い。日本の函館や長崎によく似ている。

メインストリートは、港に面して東西に延びるスヴェトランスカヤ通りだ。この町の歴史的な重要建築や観光スポットの多くは、この通りに沿って点在している。

シベリア横断鉄道の始発点となるウラジオス

トク駅は、スヴェトランスカヤ通りの西側で交差するアレウーツカヤ通りを南に歩いた先にあり、駅裏には国際客船ターミナルがある。この界隈は港町の雰囲気を味わえるだろう。

観光客に人気のスポットは、町に最も近いビーチであるスポーツ湾に延びる「噴水通り」と「海辺通り」だ。「噴水通り」は石畳の歩行者天国で、カフェやレストランが多い。もうひとつは、ウラジオストク港が一望にできる鷲の巣展望台だ。

市内交通は路線バスがメインで、中心部から少し離れたウラジオストク国立サーカスやキタイスキー市場などには路線バスで行ける。金角湾の向こうのマリインスキー劇場やルースキー島の沿海地方水族館に行く路線バスもあるが、タクシー利用が便利。ほかにも市内交通には路面電車やケーブルカーなどがある。

2012年に改装されたウラジオストク国際空港。市内までのアクセスはタクシーで約1時間。バスでウラジオストク駅まで約1時間20分

新観光スポットの夜の倉庫街を訪ねる

港沿いに延びるスヴェトランスカヤ通りにはヨーロッパの町並みが続く。19 世紀後半、この地に来たドイツ人が建てたアールヌーヴォー様式の建物は、グム百貨店というウラジオストクを代表する歴史建築だ。裏手の倉庫街は「グム裏」と呼ばれるカフェやレストランでにぎわう観光スポットになっている

Старый двор Гума

→Chapter 1　ヨーロッパの町並みを歩く

Океанский проспект

→Chapter 1 ヨーロッパの町並みを歩く

肌に風を感じて
港の見える坂道を歩く

ウラジオストクは日本海に面した港町。中央広場に向かって延びるオケアン大通りの交差点から南を眺めると、港が見えた。町を散策しているだけで、さわやかな風が肌に感じられる。夏は暑すぎず、日本からみると、北方の避暑地といえる。ここではせかせかしないで、ゆったり過ごすのがふさわしい

МАРИИНСКИЙ ТЕАТР Приморская сцена

→Chapter 1 ヨーロッパの町並みを歩く

「くるみ割り人形」を楽しみたい

ウラジオストクには本格的なバレエ劇場のマリインスキーがある。公演は毎年７月下旬から翌年５月中旬まで。人気の演目は「くるみ割り人形」。日本からこんなに近くで本場のバレエが楽しめるのだから、行かない手はない。観劇チケットもネットで購入できる（P43）

港町に暮らすネコに会いに行こう

Почему любят кошек

→Chapter 1 ヨーロッパの町並みを歩く

歴史的な展示物の上でちょこんとしてカメラを見つめるブチネコは、博物館の人たちに飼われていた。ウラジオストクはネコの天国かもしれない。ロシア人のネコ好きは有名で、市場や路地裏、カフェ、みやげ物屋など、そこかしこで出会えるだろう

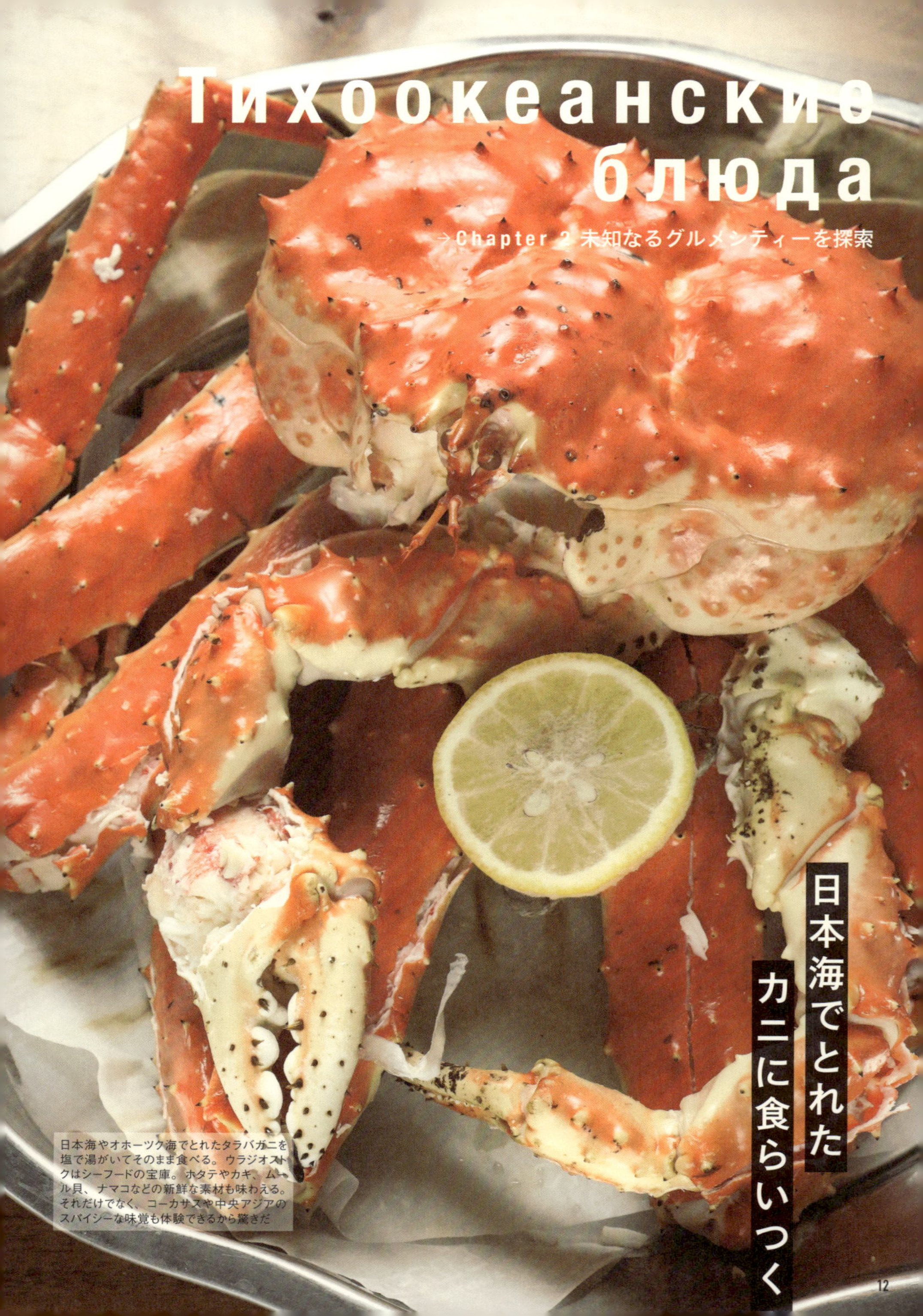

Тихоокеанские блюда

→Chapter 2 未知なるグルメンティーを探索

日本海でとれたカニに食らいつく

日本海やオホーツク海でとれたタラバガニを塩で湯がいてそのまま食べる。ウラジオストクはシーフードの宝庫。ホタテやカキ、ムール貝、ナマコなどの新鮮な素材も味わえる。それだけでなく、コーカサスや中央アジアのスパイシーな味覚も体験できるから驚きだ

ロシアは手づくり文化の国なので、マトリョーシカはもちろん、魅力的な工芸品や手芸品が見つかる。伝統的なものから新感覚のものまで、お気に入りを探してみよう。ハチミツやチョコレートなどのスイーツもおみやげにピッタリ

旅の思い出をどーんと持ち帰る

Выбрать подходящую матрёшкуу

→Chapter 3 ロシアみやげを手に入れる

Проехать до Уссурийска

→Chapter 4 市内から気ままに小旅行

ローカル電車で田舎町を訪ねる

近郊電車やバスに乗って郊外を訪ねよう。そこには、極東ロシアの自然や田舎町の暮らしが待っている。市内から電車で２時間半のウスリースクには、ロシアの生活文化を体験できるテーマパークがある

Приморский Гос.Объединенный Музей им.В.К.Арсеньева

→Chapter 5 ロシアの都市文化を楽しむ
→Chapter 6 極東ロシアの歴史を訪ねる

極東ロシアの文化と歴史に触れる

ウラジオストクは博物館や美術館、劇場などの文化施設が充実している。サーカスや人形劇もある。これらの場所を訪ねれば、極東ロシアの文化や歴史に触れることができるだろう

Chapter 1

帝政ロシア時代の建築×風情のある港町

ヨーロッパの町並みを歩く

19世紀後半に建てられたヨーロッパの町並みがいまも残るウラジオストク。100年以上の歴史を持つシベリア横断鉄道の始発駅や港の絶景が見渡せる展望台、高台にある美しいロシア正教会など、町の散策スポットはそれぞれ魅力的だ。地元の食材が並ぶ市場や、その脇を走るレトロな路面電車とケーブルカー、この町に暮らす自由気ままなネコたちとの出会い。そして、北国ロシアのイメージを一変させるのは、夏になると町に近いビーチがパラソルと海水浴客でにぎわう光景だ。

観光スポットの多くがこの通り沿いにある

スヴェトランスカヤ通りを歩くと、ヨーロッパの港町の風を感じる

町の中心から港を横目に東西に延びるスヴェトランスカヤ通りは、かつて路面電車も走っていたウラジオストクの目抜き通り。この通りに沿って、19世紀後半よりこの地に建てられた帝政ロシア時代の建築が静かに並んでいる。目の前の金角湾とその先に広がる海は地中海ではなく日本海だというのはわかっているが、この通りを歩いていると、ヨーロッパの港町にいるような風を感じるから不思議である。

ウラジオストク駅に通じるアレウーツカヤ通りとの交差点にアルセーニエフ記念沿海地方博物館（Ｐ１３２）、そのはす向かいにフィラルモニア音楽ホール（Ｐ１２２）があり、港に面した南側に中央広場が広がる。広場の真ん中にロシア革命戦士の大きな像が立っていて、5月の戦勝記念日に始まるこの国の各種記念日や祝祭日のイベント会場はたいていここだ。週末になると、近郊の農家や漁業関係者が野菜やハチミツ、パン、チーズ、カニやイクラなどの魚介を持ち込んで市場になる。郊外の市場で売られている食材はたいてい揃うので、週末の朝はこの広場に足を運ぶといい。

広場の南端からは港が見渡せる。間近に軍艦や貨物船、遊覧船、そして頭上には飛び交うカモメの姿。季節によるが、週の前半は鳥取県境港から定期運航しているＤＢＳクルーズフェリーが国際客船ターミナルに寄航する姿も見られる。

広場の東端の向かいにウラジオストクに現存する最も歴史的価値のある建築が建っている。帝政ロシア時代の１８８４年にドイツ人の貿易会社クンスト・アルベルス商会が開業した百貨店だ。その後、19世紀末にアールヌーヴォー様式に改装。外観は美しく装飾されたが、ソ連時代になると、国営百貨店を意味する「グム」と呼ばれるようになった。こうして長く歴史的遺物のように地味に存在していたグム百貨店だが、２０１６年5月、１００年ぶりに大改装された。そのリニューアルに合わせて、百貨店の裏手にあったレンガ倉庫に地元の若者たちがカフェやレストラン、雑貨店、ゲストハウスなどをオープンさせ、通称「グム裏」と呼ばれる新名所に生まれ変わった。

グム百貨店からさらに東に進むと、港側に芝生の公園が見える。石段の途中に立つのがニコライ2世凱旋門だ。ロシア帝国最後の皇帝となるニコライ2世が皇太子時代の１８９１年、日本を訪れた帰りにウラジオストクに立ち寄った記念に建てられた。現在の凱旋門は２００３年に再建されたもの。ロシア革命で一度破壊されている。

その隣に地元の子供たちに人気のウラジオストク人形劇場とウラジオストク市博物館がある。市民の視点から歴史を扱う興味深い博物館だ。凱旋門の先に港に面したカラベーリナヤ海岸通りがあり、手前にアンドレイ教会や潜水艦Ｃ‐56博物館がある。この海辺の通りでは、紺と白のセーラー服姿が凛々《りり》しいロシア人水兵の姿を見かけることもある。港町の風情が色めく瞬間だ。

スヴェトランスカヤ通り　ул.Светланская

1873年にロシアの軍艦スヴェトラナ号がウラジオストク港に寄港したことにちなんで付けられた。ソ連時代はレーニン通りだったが、1990年代に再び元の名称に戻る。かつてはウラジオストク駅発の路面電車がこの通りを走っていた。スポーツ湾からキタイスキー市場まで東西に延びている。

グム百貨店　Большой Гум

グム百貨店と「グム裏」にはアパレルブランドのZARAやドラッグストア、雑貨店、カフェ、バー、レストランなどが入店している。

http://www.vladgum.ru

スヴェトランスカヤ通りを楽しげに闊歩する地元３人組の若者たち。カメラを向けても笑いながらおおらかに受けとめてくれる

グム百貨店の裏手にある「グム裏」はレンガ倉庫の跡地を改装して生まれた観光スポット。各種イベント会場としても使われる

ニコライ２世凱旋門は港に向かって、公園を降りる階段の中段に立つ。ロシア・ビザンチン建築の様式を受け継いだ精緻なデザインだ

グム百貨店より東に位置する古い建物で、現在は銀行。金角湾大橋の手前まで、こうした帝政ロシア時代の建築が並ぶ

町の中心から5分歩くとビーチに着く

夏はパラソルと水着姿の人たちがいっせいに繰り出す「海辺通り」

ウラジオストクでは毎年6月下旬になると、少し早めの海水浴シーズンが始まる。この頃から8月中旬にかけてが1年でいちばん暑い季節。日中は30度近くにもなるので、この町の人たちはいっせいにビーチに繰り出す。

水辺で肌を焼くだけなら、バルト海沿岸や北緯50度近いアムール川沿いの町でもできることだろうが、ロシア広しといえども、海水浴が楽しめるのは、黒海沿岸のリゾート地か、日本海に突き出たムラヴィヨフ・アムールスキー半島の南端にあるウラジオストクくらいではないだろうか。

なにしろウラジオストクほどビーチが近い町も珍しい。町の中心の中央広場から西に向かって美しい石畳の続く通称「噴水通り」を5分も歩けば、スポーツ湾と呼ばれるビーチが見えてくる。

波は穏やかで、ゆるやかな入り江となっている海岸沿いには、無数のビーチパラソルが並び、水着姿の地元のロシア人たちがそこかしこで寝そべって肌を焼いたり、ボートを浮かべて遊んでいたりする光景が平日でも見られる。

とはいえ、海水浴とはいったものの、このビーチで泳ぐ人の姿はそれほど見かけない。地元の人からも「ここで泳ぐのはおすすめしない」と言われてしまった。泳ぐなら郊外のビーチやルースキー島周辺の離島に行くし、ロシア人はビーチで何もしないでゴロゴロ過ごしているのがむしろお気に入りなのである。

それでも、ビーチ沿いの通称「海辺通り」には、水辺の景色を眺めながら散歩する人たちであふれている。ローラースケートを履いた子供たちが次々と行き交っている。人気のジョージア（旧グルジア）料理店「スプラ」（Ｐ54）やシーフードレストラン、カフェもあり、海鮮ＢＢＱの屋台も軒を並べる。ランドマークは遊園地の観覧車で、隣にサッカースタジアムもある。遊園地には絶叫マシンがあり、若者たちの叫び声が遠くまで聞こえている。

夜になると、中央アジア風串焼きのシャシリクを出す屋台のビアバーがビーチ沿いの小道にオープンする。海辺の広場には、ドラムセットを持ち込んでジャズやロックを歌うストリートミュージシャンも現れる。国内外のミュージシャンを集めた夏のミュージックフェス「Ｖ－ＲＯＸ」のメインステージはこのビーチである。

この時期、「海辺通り」は夜遅くまで人通りも多く、にぎやかだ。周辺のバーも混んでいて落ち着き先を探すのに苦労する。

だが、短い夏とはこのこと。華やいだ夏の季節は、あっという間に過ぎ去り、10月になると、ビーチ周辺の風景は一変。12月には海上に氷が張り始める。ついには水平線の果てまで結氷して一面の銀世界と化すと、氷の上を散歩したり、ワカサギ釣りをする人たちが現れる。こんな対照的な光景が見られるのも、ウラジオストクの魅力といっていいだろう。

海辺通り　Спортивная Набережная

通称「海辺通り」は、アドミラーラ・フォーキナー通り（通称「噴水通り」）がそのまま延びて、スポーツ湾に面したディナモ・スタジアムの脇からゆるやかに右折れしていくビーチ沿いの歩行者天国。2012年に通りは石畳に整備され、トラのブロンズ像や水生動物のインスタレーションなどのアートオブジェが置かれるようになった。１本南のスヴェトランスカヤ通りから延びて左に折れるナーベレジナヤ通りもビーチ沿いの小道で、夏は屋台も出る。

スポーツ湾にゴムボートを浮かべて遊ぶ地元の若者たち。周辺には肌を焼く地元の水着姿の老若男女が寝そべっている

カラフルでレトロな観覧車で眺めは抜群なのだが、ゴンドラが旧式でガラスで覆われていないので、揺れるとちょっと怖い？

1950年代に整備されたソ連時代のスポーツ湾の海水浴シーン。ビーチパラソルが砂浜に並んでいる。当時は海で泳ぐ人たちもいたようだ

氷結したスポーツ湾に穴を開け、釣り糸をたらす。ワカサギやキュウリウオがよく釣れる（Discover Vladivostok Photobank 提供）

ユニークなロシア風屋根が印象的
シベリア横断鉄道の始発点 ウラジオストク駅の歴史を探訪

モスクワから９２８８km離れた極東の地ウラジオストクに鉄道駅が竣工《しゅんこう》したのは19世紀末。すでに１００年以上の月日が流れるなか、いまもなお世界最長鉄道の始発駅として歴史を刻んでいる。

印象的なシルエットを見せるウラジオストク駅の建築にはいくつかの特徴がある。古代ロシアの木造住宅をイメージさせるネオ・ロシア建築で、屋根の上に載っている鉄細工はロシアの国章である双頭の鷲がデザインされている。表玄関は、弓形の大きな門を４本の円柱が支える優美なフォルム。壁面のさまざまな場所にロシア民話を描いたレリーフやタイル細工が埋め込まれている。正門の柱の縁にあるのは、白馬にまたがった古代ローマの殉教者で、ドラゴン退治をしたとされる聖人ゲオルギオスだ。

この駅舎には時代による変転があった。シベリア横断鉄道の着工は１８９１年５月、日本を含むアジア諸国歴訪の帰りにウラジオストクに立ち寄ったニコライ2世（当時皇太子）によって宣言された。初代の駅舎は簡素な停車場で、竣工は１８９４年。その後、ハバロフスクと結ぶウスリー鉄道が１８９７年、そして１９０３年にモスクワまで結ぶ全線が開通。１９１２年にはモスクワのシベリア横断鉄道の終着駅であるヤロスラヴリ駅を模した現在の新駅舎に改装された。

その後、ロシア革命が起こると、駅舎の帝政ロシア風の派手な装飾やパネルが取り外されることに。老朽化が進んだ１９７０年代には、外壁を地味なモスグリーンに塗り替えてしまった。しかし、ソ連解体後の90年代半ばから、駅舎は再びロシア文化を表象する美しい改装の手が加えられ、外壁はクリーム色に戻されて現在に至る。

こうして今日のウラジオストク駅は、20世紀初頭に造られた栄えある姿に復元し、新しいアレンジが加えられた。構内にお邪魔して刻まれた歴史を探訪しよう。

正面玄関を入ると待合室がある。周囲の壁には20世紀初頭の駅の写真やシベリア横断鉄道の解説板が置かれている。この駅の着工を宣言したニコライ2世のブロンズ像のレリーフもある。待合室の隣に小さなカフェがあり、天井近くにピョートル大帝の絵が飾られ、向かいには開通当時の鉄道員の制服や切符、地図などの展示スペースもある。ウラジオストク駅は歴史博物館のような場所なのである。

プラットホームに向かう階段の曲線的なスロープの頭上にはシャンデリアが吊り下げられ、豪華な雰囲気がある。ただし、残念なことがある。この階段の脇に以前あった帝政時代の雰囲気を感じさせるステーションレストランが休業していることだ。

ホームはいくつかに分かれ、シベリア横断鉄道などの長距離列車や近郊電車（エレクトリーチカ）、空港行き電車の専用ホームなどがある。実は、ここには改札はなく、駅を通らなくてもホームに行けるので、訪ねてはどうだろう。

ウラジオストク駅　Железнодорожный вокзал г. Владивостока

ウラジオストク駅は中央広場から徒歩７分。駅の裏には国際客船ターミナルがある。駅構内には、ふたつの待合室とチケット売り場、夜行列車に乗る乗客向けの簡易宿泊所などがある。かつては入り口で手荷物検査などが行われていたが、いまでは自由に出入りできる。隣の別棟は空港行きターミナルだ。ここからウラジオストク国際空港行きの近郊電車が１日数本発車するが、発車時間が観光客には利用しにくい。空港まで所要54分。

上／夕日に照らされたウラジオストク駅。背後に見えるのは、金角湾大橋だ　右下／長距離列車のホーム。乗り込む前に車掌による検札がある。近郊電車の場合は、乗り込んでから切符を買えばいい　左下／待合室からホームに向かって降りるゆるやかな階段は時代を感じさせる

ウラジオストク駅正面入り口の待合室の天井に描かれているのは、左側はモスクワの町並みとシベリア鉄道駅のヤロスラヴリ駅で、右側は新駅舎ができた当時のウラジオストクの町並み。正面にニコライ２世のレリーフがあり、その脇に鉄道建設や駅の歴史を物語る展示がある

uvenco

ビーチに向かって延びる石畳の歩行者天国

旧市街の「噴水通り」の周辺は路地裏歩きをじっくり楽しみたい

噴水の前に立って石畳の通りの先に目をやると、はるかかなたに大海原とヨットクルーザーが見える。ビーチに向かって真っすぐ延びるその通りは、いつ頃からか通称「噴水通り」と呼ばれている。

正式な名前はアドミラーラ・フォーキナー通りで、スヴェトランスカヤ通りの北側に並行して東西に延びている。ここは名物の噴水と花壇とヨーロッパ風の建物が並ぶ美しい歩行者天国で、鷲の巣展望台（P32）とともに、自然に観光客が集まる人気エリアである。通りには人気のロシア料理店やロシア風クレープのブリヌィ専門店、中国料理店、イギリス人経営の渋いコーヒーショップ、地図やこの地にゆかりの写真を売っているブックショップ、ロシアブランドのコスメやケア商品が買えるドラッグストア、地元ウラジオストクの工場で100年前から生産されているご当地チョコレートのショップなど、個性的な店が並ぶ。

表通りから1本奥に入った路地裏歩きも楽しめる。入り組んだ小道や中庭があり、意外な場所に居心地のいいカフェやレストラン、雑貨店、ゲストハウスなどが見つかるだろう。ネコカフェがあるのもこの路地裏の奥のビルの中だ。

ギャラリー&モアは、この町では老舗のゲストハウスで、オーナーは美術品コレクターとして世界を旅してきたローマンさんという。部屋数は多くはないが、彼の旅人としてのこだわりが感じられる宿で、最近リニューアルされたばかり。

この界隈で最も有名なスポットは、ウラジオストク出身のロックバンド、ムミー・トローリのメンバーが運営しているミュージックバーだろう。日本ではそれほど知名度はないかもしれないが、ペレストロイカでこの国が大きく変わろうとしていた1980年代後半に華々しくデビューしたことから、モスクワや欧米から訪れる人たちは必ず立ち寄るスポットといっていい。週末にはたいてい地元のバンドがライブをやっており、のぞいてみると面白い。

このあたりはもともとウラジオストクの旧市街だった。19世紀後半から20世紀初頭にかけて、この地域の一角にチャイナタウンが形成されていた。1860年以降のロシア人の都市建設にともない、多くの中国人労働者がこの地にやって来たからだ。一部の商人を除くと、彼らの多くは肉体労働者や農民だった。中国語が通じるその一角に彼らは住み着いたが、そこはロシアの法が届かない貧民窟の様相を呈していた時期もあったという。

噴水通りの北側に位置するその地区は、当時ミリオンカと呼ばれた。ソ連時代に入ると、その地区は一掃されたため、いまは古いレンガ造りの建物が密集して残るだけで、ロシア人が普通に暮らしている。そして、多くの中国人観光客が何ごともなかったかのように、噴水通りを歩いている光景が見られる。このような華やいだ通りにもさまざまな歴史が刻まれているのだ。

噴水通り　ул.Адмирала Фокина

「噴水通り」こと、アドミラーラ・フォーキナー通りは、アレウーツカヤ通りと交差するあたりから西側が歩行者天国になっている。この通りは観光客の姿が多いが、噴水や花壇、ベンチなども置かれ、地元の人たちもくつろいでいる。この通りの建物や路地裏の通路、公園を囲む壁などに、数多くの街角グラフィティが描かれている。これらを描いたのは海外や地元のアーティストたちだ（P106）。

上／噴水通りを西に向かって歩くと、スポーツ湾とその先のアムール湾にたどり着く。食事や買い物スポットも周辺に集中している　中／ゲストハウスのギャラリー＆モアには海外の若者が宿泊している。ビーチに向かって左側の路地に入った場所にある　右下／ムミー・トローリ・ミュージックバー（https://mumiytrollbar.com）は、噴水通りの先を右に折れたディナモ・スタジアムの向かいにある

ムミー・トローリはウラジオストク出身。右から２番目がリーダーのイリヤ・ラグテンコ

噴水通りの北側の一角は、かつてミリオンカと呼ばれたウラジオストクの旧市街の一部で、中国人労働者が多く住んでいた（P135）。いまは古いレンガ造りや木造の建物が残るだけだが、地下室の跡なども見られる。現在は住居やオフィスとして使われているが、いまだにうらぶれた風情も残る

ハクロフスキー教会は、明るいクリーム色に塗られた聖堂の上に金とブルーのタマネギ屋根が載る、ウラジオストクを代表するロシア正教会のひとつ（P116）。場所はオケアン大通りの坂を上った先の公園内にある。園内は整備されているが、昔は墓地があった。現在の聖堂は最近再建されたものだ

口にした料理の食材はすべてここにある
さまざまな民族の売り手が集う 通称「キタイスキー市場」

ウラジオストクのレストランで口にした美味なる料理の素材となる肉や魚、野菜、さらには調味料やハーブ、チーズなどの食材は、すべてここにあるといっていい。

通称「キタイスキー市場」は、ウラジオストクで最大の市場で、広大な敷地の中は衣料や家電、日用雑貨、食料品などいくつかのブースに分かれている。ここで売られる日用雑貨の多くが中国製ゆえにキタイスキー（中国人の意味）というわけである。

日本海に面したウラジオストクの市場では、カニやサーモン、イクラ、ナマコなどの海産物に加え、極東ロシアのタイガ（亜寒帯針葉樹林）の森でとれる自然の恵みが豊富に揃う。朝鮮系住民も住んでいるので、キムチやナムルなどの惣菜は地元ではパンジャン（韓国風惣菜）と呼ばれ、人々の食生活に溶け込んでいる。中央アジア系の商人たちは、西域のフルーツやナッツ、香辛料などを売っている。ここにいると、多民族社会の実相が見えてくる。

自分の食べた料理の素材を自分の目で確かめられるのが何より面白いが、この市場が楽しいのは、ロシア語が話せなくても、カタコトや身ぶり手ぶりで店の人たちと十分やりとりできること。彼らは相手が観光客、しかも日本人だとわかると、急に笑顔になって試食させてくれたり、オマケをつけたりとサービス満点だ。

ウラジオストクの市場は郊外に点在していて、基本的に地元の人たちが日用品を購入する場所だ。観光客向けではないため、みやげに向くものは少ないかもしれないが、どんな商品にも価格がきちんと表示されていて、値切り交渉はほとんどないから安心だ。どうやらロシア人はそういう交渉は好きではないようだ（中国商人や中央アジアの店ではそうはいかないことも）。

みやげとして持ち帰るのでなければ、買い物の選択肢は広がる。検疫で日本に持ち込めない肉の加工品も、ホテルでの部屋飲みのツマミになる。ロシア人の暮らしを知るには、これほど面白いスポットはない。

この市場の北側に、ローカル菓子やチーズなどを売る個人経営の小さな店が集まるルガバヤ市場がある。ここはロシア人の生活に欠かせない店が多い。健康食品の薬草とハチミツの専門店「トラヴニック」は地元ロシア人の間で広く知られている。ロシア人は風邪気味になると、症状に合わせてハチミツを買いに来るのだ。

ところで、なぜキタイスキー市場は通称かというと、地元の人はこの言い方を好んでいないからだ。ソ連解体以降、経済的に困窮したこの町に中国商人がどっと押し寄せ、この市場を形成した経緯があった。それは極東ロシア全域で見られたことだ。地元産の肉や魚、野菜などのロシア食材を除くと、扱われる日用生活雑貨はほぼ中国製であることは、ロシアの人たちにとって面目ないという思いがあるようだ。その気持ちを理解し、彼らの前では「キタイスキー」という言い方は避けた方がいいだろう。

通称「キタイスキー市場」　Китайскый рынок Спортивная
ウラジオストク駅発の路線バス31番でスヴェトランスカヤ通りを東に向かって所要約20分。食材売り場は市場の北側と東側にある。

ルガバヤ市場　Рынок луговая
キタイスキー市場から路面電車の線路に沿って北側、徒歩5分ほどの場所にある。ロシア食材を買うならこちらが便利。

ロシア料理のオードブルであるキャビアや各種魚卵の総称である「イクラ」の缶詰が並ぶ。すべての商品に値札が付いている

朝鮮系住民がつくるキムチは、もはやウラジオストクの人たちの食生活の一部といっていい。韓国風というより北朝鮮風のさっぱり味だ

シルクロード産のナッツやナツメ、ブドウやブルーベリー、イチジクなどのドライフルーツを売るコーナーもある。栄養豊富な保存食だ

薬草とハチミツの専門店『トラヴニック』の3代目オーナーのアレクサンドルさん。ルガバヤ市場のかなり奥のブースにある

キタイスキー市場では、中国製の衣料や靴、バッグ、家電、インテリア、釣り具など、日用品はなんでも揃う

ルガバヤ市場にはこのようなロシア人向け食材を売る個人商店が多い。チーズやハチミツ、パン、ロシア菓子が量り売りされている

МОРСКАЯ
ПРОДУКЦИЯ
по социальной
программе
рыбного
рынка на
КЛЕШНИ
1КГ

ウラジオストク市内の市場やスーパーでは、どこでもカニが売られている。ボイルされたあと冷凍されたもので、タラバガニなどの巨大な足は1kgで1000ルーブル（約1700円）くらいから、毛ガニは1杯350ルーブル（約600円）くらい。キタイスキー市場の海産物ブースにて

日没後の数十分間がシャッターチャンス

ウラジオストクの絶景スポット 鷲の巣展望台は2回訪ねたい

日没後の数十分間は、写真家にとって貴重な時間で「マジックアワー」と呼ばれるシャッターチャンス。夕焼けで赤く染まった空が少しずつ青みを帯びて暮れていくのにともない、町の明かりが灯《とも》りだし、ハイウェーの車もライトをつけて走りだす。ネイビーブルーの空の色が刻々と移り変わり、ついに深い漆黒の闇に変わるまでの間、構図を変えて何度もシャッターを切り続けるのは、この時間帯でしかこのような写真は撮ることができないからだ。

ウラジオストク市内で最も標高の高い場所に鷲の巣展望台はある。標高192mほどの丘の上だが、眼下に姿を見せる金角湾大橋を中心に、右側に国際客船ターミナルやウラジオストク駅、左側に軍港に係留されている軍艦や貨物船、そしてはるか向こうにはルースキー島が見える。

目の前の金角湾大橋は、ふたつの主塔とケーブル線で支えられた斜張橋で、湾をまたぐ橋桁部分は長さが737m、水面からの高さ60m。建設は2008年7月25日に始まり、ウラジオストクでアジア太平洋経済協力会議（APEC）が開催される直前の2012年8月11日に開通した。普段は車しか通れないが、毎年9月に開催されるウラジオストク国際マラソン（P96）ではこの橋の上がコースになるので、多くのランナーが駆け抜けていく姿が見られる。

鷲の巣展望台は市内中心から徒歩20分ほどの場所にあるが、ウラジオストクを訪れる人は必ず足を運ぶ絶景スポットとなっている。いまでは、むしろ中国や韓国から訪れる観光客の比率のほうがずっと高いほどだが、展望台の手すりに恋人同士がふたりで南京錠を掛けておくと幸せになれるというので、そのご利益にあやかろうと、若者たちが掛けた鍵がびっしり並んでいる。ロシアの新婚カップルの定番の記念撮影場所としても知られる。

展望台の最上部には東方正教会の宣教師でキリル文字を考案したキュリロスとメトディオスの像が並んで立っている。隣の建物の壁には、沿海地方のシンボルであるウスリータイガーの大きな絵が描かれていて、こちらをにらんでいるかのようだ。

鷲の巣展望台からの眺めは、もちろん昼間だっていい。高台に囲まれたウラジオストク港と起伏のある入り江の周辺に貼りつくように並ぶ民家や工場、そして港をまたぐ金角湾大橋の現代的なシルエットがじっくり眺められる。ルースキー島をはじめとした南方の島並みも、夜とは違って影だけでなくはっきり見える。ここは時間帯を変えて2回訪れてもいいかもしれない。

展望台の周辺には、ロシアの演劇が見られるゴーリキー記念沿海地方アカデミードラマ劇場（P122）や、帝政ロシア時代にウラジオストクに派遣された文官スハーノフの邸宅を改装した歴史博物館がある。博物館内にはニコライ2世の肖像画を飾った書斎や食卓、ピアノなどの調度品が置かれ、100年前の暮らしを物語っている。

鷲の巣展望台　Орлинное Гнездо Смотровая Площадка

ウラジオストク中心部には高層建築やタワーはないので、港と町の全貌を眺められるのはここになる。目の前に金角湾大橋ができたことで、港の景観にアクセントが付いた。展望台への行き方は、徒歩の場合、中央広場から北に向かって歩き、スハノヴァ通りを東に向かう。所要約20分。市内から路線バス15番に乗って展望台の近くへ下車する方法もある。ケーブルカーで行く方法は、P34で紹介している。

空がブルーとオレンジの2色に分かれて見えるのはわずかな時間にすぎない。なるべくシャッターチャンスを逃さないようにしたい

レトロな乗り物が教えてくれるスローな旅

歴史あるソ連型路面電車とケーブルカーには乗っておきたい

ウラジオストクに来たら、ぜひ乗りたいのが路面電車だ。何ごとものんびり進むこの町の速度を象徴しているようで、好感を持ってしまう。かなり年季の入った車両ばかりで、製造時期によって形状やデザインが違うようだが、それぞれのボディーは思い思いの色と柄にペイントされ、ひとつとして同じものはない。ソ連時代のレトロなシルエットが新鮮なのもそうだが、一部広告入り車両はあったものの、公共交通機関だというのに、大半は自由気ままに手づくり感覚で塗装されているところがいい。

ウラジオストクに路面電車が登場したのは1902年という。以来、市内各地に路線を張りめぐらせ、市民の重要な足となってきた。1990年代以降、日本の中古車輸入の急増がもたらしたモータリゼーションの進展は、特に市内中心部の渋滞を引き起こし、路面をのろのろ走る電車の存在は許されなくなった。残っているのはわずか一路線のみだという。都電荒川線と同じ境遇である。市政府はずいぶん前からいずれこの路線も営業をやめると言っているようだが、なんとか続けてほしいものだ。

この路面電車は、市内中心から少し離れたエリアを走っている。路線バス31番に乗ってキタイスキー市場近くで降りてしばらく歩くと、路面電車の停留所がある。L字型のルートをたどる東の終点はクラシックカー博物館のあるサハリンスカヤ通りで、北の終点は郊外団地の並ぶミーニー・ゴロドク。そこで折り返して往復している。

実際に乗ってみると、内部の老朽化はかなり進んでいる。公園の古いベンチのような木製のイスが並ぶ車両もあった。それでも車掌のおばさんがいて、運賃を手渡すとチケットをくれる。次々と乗り込んでくる地元の人たちは、最初は物珍しそうにこちらを見るが、すぐに笑顔になる。大学で日本語を学んだというロシア人の女性に話しかけられたこともあった。始点から終点までわずか20分くらいの乗車時間だが、とことんスローな乗り物で、なごんでしまう。

もうひとつの魅力的な乗り物はケーブルカーだ。プーシキンスカヤ通りとスハノヴァ通りをつないで鷲の巣展望台を上下する。車両は赤とブルーの2両のみ。1959年に当時のソ連のリーダーで、軍縮と宇宙開発を推し進めたニキータ・フルシチョフがアメリカ訪問後のモスクワへの帰路にウラジオストクに立ち寄った際、同じ港町ということから「ここにソビエトのサンフランシスコを建設する」と宣言。ケーブルカーの着工が決定したという。完成は1962年で、以来50年以上走り続けている。

こちらの乗車時間はわずか2分。動きだすにつれて車窓から市内の町並みや金角湾がだんだん見えてくる。ケーブルカーに乗るには、スヴェトランスカヤ通りを東に向かって歩き、金角湾大橋をくぐったすぐ先から丘側に上がる道がプーシキンスカヤ通りで、その先のプーシキン劇場の隣にケーブルカー乗り場がある。

路面電車　Трамвай

毎日6時から22時30分まで、ほぼ5分おきに運行。運賃は一律16ルーブル（約30円）。この電車に乗っているだけでも楽しい。

ケーブルカー　Фуникулёр

毎日7時から20時まで、ほぼ10分おきに運行。運賃は14ルーブル。線路の長さは180m。座席は斜面に合わせて階段状に並んでいる。

背後にウラジオストク港の造船所が見える。下車後、道路手前の右手のロータリーを抜け、階段を上がると展望台に着く

赤とブルーのケーブルカー2両は合図とともに同時に出発し、ゆるゆる進んだあと、真ん中で分かれてすれ違い、同時に到着する

キタイスキー市場を抜け、東へ向かう線路は一部車道と隔たった専用ルートを走る。線路の脇は木立が並び、草ぼうぼう

黄色とブルーの2色に上下で塗り分けられた路面電車。車掌もそうだが、運転手もたいてい女性が担当している。ケーブルカーも同じだ

カフェやショップ、博物館までも!?

自由気ままなにくつろいでいる港町のネコたちに会いに行こう

ロシア人は大のネコ好きだそうだ。ウラジオストクに来ると、それを強く実感する。町を歩いていると、あらゆる場所でネコを見つけてしまう。その出会い方はいつも意外で、楽しい。その場にネコがいるときのロシア人の様子も、思わず笑ってしまうことがある。

たとえば、ルガバヤ市場のパン屋の店先に3匹のネコが居座っていた（市場ネコ）。店に入ろうとすると、踏んづけてしまいそうだが、追い出そうとする人は誰もいない。他の店でも飼っていて、あちこちにいる。よけて店に入るしかない。

噴水通りの路地裏にもいる。誰が飼っているのか定かではないが、レンガ造りの建物の塀の上や軒先からこっちをのぞいている（路地裏ネコ）。カフェでもよくネコを飼っていて、お客さんがいても気にせず堂々とソファに座り込んでいる（カフェネコ）。みやげ物屋でもネコが飼われている（ショップネコ）。商品が置かれた棚の上でも気にせず、ふてぶてしくうずくまっている。ネコが商品を床の上に落とすような粗相をしても、誰も咎める人はいない。

そのせいか、この町のネコたちは人を気にせず、のんびりくつろいでいる。まさにネコの天国である。それ以上に驚くのは、この町の人たちのネコ好きとおおらかすぎるところ。道端でネコの写真を撮っていると、近所のおばさんが話しかけてきて、自分が飼っているわけでもないのに、ネコの名前を教えてくれたりする。

いちばん驚いたのは、ニコライ2世凱旋門の隣にあるウラジオストク市博物館に行ったときのこと。歴史的な資料や文物が置かれた部屋の外で、さっと物影が横切ったので、隣の部屋をのぞくと、展示の上でネコがこっちを向いてたたずんでいる。

しばらくすると、チケットを販売してくれた女性が部屋に現れ、ネコを抱きかかえた。展示品に傷がついたらどうするのか心配な気もするが、博物館の入り口に近い階段の下には、ネコの餌やり用の小皿が置かれていて、ミルクをなめている別のネコもいた。ここでは博物館ぐるみでネコを飼っているらしいのだ。後日、ウラジオストクの文化的中心のアルセーニエフ記念沿海地方博物館でも、ネコを飼っていることを知った。博物館も例外ではなかったのだ。

2017年の春、ウラジオストクに初めてのネコカフェ「ヴァレリヤニチ」がオープンしている。捨てネコや病気になったネコを保護して、里親探しをしてくれる。

オーナーのアナスタシア・アンドレヴナさんは、サンクトペテルブルクでネコカフェの存在を知り、地元にもつくらなければと思い立ったのだという。このカフェは地元の人たちとネコの新たな出会いの場となっている。最初に入場料を払うと、コーヒーなどのドリンクはフリーで、あとはネコと遊び放題というシステムだ。観光客も大歓迎だそうだ。この町のネコと気軽にたわむれたいならどうぞ。

ネコカフェ「ヴァレリヤニチ」 Валерьяныч

パグラニーチナヤ通りから路地に入ったビルの3階にあるが、少しわかりにくい。中に入ると、受付がある。入場料は1時間250ルーブル（約400円）。ここには捨てネコもいて、雑種が多いが、クロネコもいる。生まれたばかりの子ネコもいる。よく地元の人に引き取られていくので、ネコの入れ替わりは多い。オーナーのアナスタシアさんは英語を話すので、ネコ談議を楽しんではどうだろう。http://vk.com/catcafevl

手づくり雑貨屋で見つけたネコのぬいぐるみ。雑貨屋に行くと、このようなネコのぬいぐるみや雑貨、置き物などがいろいろ見つかる

ネコカフェのオーナーのアナスタシア・アンドレヴナさんは、ネコの生まれ変わりのような独特の雰囲気のある女性

ウラジオストク市博物館に勤める女性は、悪びれることなどなく、展示の上のネコを抱きかかえた。身をよじるネコに笑ってしまう

ルガバヤ市場で見かけた市場ネコ。ここにいれば食べるのには困りそうもないせいか、ちょっぴり太り気味？

冷戦時代に隠されていた文化的表現が新鮮だ
帝政ロシアの町に点在する ソ連時代の名残を探しに行こう

　ソ連時代の社会や文化に対する関心がひそかに盛り上がっている。冷戦時代には隠されていたソ連社会の諸相や実態が少しずつ明るみになるにしたがって、日本や当時の西側にはない発想やデザインセンス、美的感覚なども含めた文化的表現が新鮮に感じられるからだろう。しょせん過去の話なので、いまさら何を言っても歴史に逆襲されることはひとまずないから、〝ソ連らしさ〟を見つけて自由に面白がれるのがいい。

　ウラジオストクで〝ソ連らしさ〟を探すのは意外に簡単だ。なにしろソ連時代の出自は軍事都市なので、ミリタリー方面の素材の宝庫といってもいい。町の中心には、第二次世界大戦で活躍した潜水艦が展示してあり、郊外には幾多の要塞や砲台跡が眠っている。軍事関係の博物館も多い。ロシアでは軍人も利用するミリタリーショップが普通に町にある。これらのスポットを訪ね歩けば、〝ソ連らしさ〟をストレートに堪能できるだろう。

　ソ連邦を立ち上げたレーニンの像もウラジオストク駅前に立っている。中央広場の革命戦士像もそうだし、ウラジオストクで奮戦した革命戦士のセルゲイ・ラゾの像もある。極東ロシアの１５０年の歴史において70年以上続いたソ連時代の存在をなかったことにするのは無理があり、「レーニンも歴史の一部」とこの町の人たちは考えているという。

　なるほどそうかもしれないが、こちらとしてはソ連時代に生産された工業製品や建築、文化遺産の名残が気になる。西側には見当たらないユニークなものだからだ。

　ウラジオストクの歴史は19世紀半ばに始まり、シベリア横断鉄道の終着駅として帝政ロシアのエッセンスを移植する都市建設が行われたため、中心部にはソ連的な雰囲気はあまりない。20世紀のソ連時代も、軍事都市として長く閉鎖され、戦災に遭うこともなかったから、１００年前の景観が温存された。そこにウラジオストクらしさがあるといっていい。

　ソ連らしさを見たければ、郊外に点在するソ連時代に建てられた団地の風景がそれにあたるかもしれない。では、それはどこにあり、どうやって行けばいいのか。

　ウラジオストク市街地の北側や東側は高台で、団地の集積地となっている。ひとつの手としては、路面電車の北の終点ミーニー・ゴロドク停車場の周辺を歩くといいかもしれない。その周辺の景観は、一見無機質な世界だ。そこからウラジオストク駅行きの路線バス7Г《ゲー》番に乗ると、団地地区を抜けて走るので、途中下車してもいい。そこに住む人たちの生活の中にこそ、ソ連時代の文化遺産はあるに違いない。とはいえ、それを見つけるには、もっとこの町の人たちと親しくなる必要がありそうだ。

　この地区でバスに乗ると、中央アジア系や朝鮮系、中国系の人たちの姿をよく見かける。表の顔のウラジオストクとは異なる多民族的な世界が見えてくる。

ミーニー・ゴロドク　Минный Городок

路面電車の北の終点。小高い丘の上にある停車場で、隣に小さな市場があるが、外国人が訪れることはほぼない。周辺は古い団地が取り巻くように並んでいて、市内中心部とは明らかに景観が異なっている。市民の多くはこの団地に住んでいる。停車場の北側の立体交差の周辺に各方面別バスの発着所がある。市内の路線バスのルートはroutes Vladivostok（https://routes.one/vladivostok）で調べられる。

右上／鷲の巣展望台の北東部にあるウラジオストク国立経済大学に近い場所にあるレンガ造りのこの団地のデザインは斬新　左上／団地の壁面をキャンバスのように見立てて描かれることも多い　右下／ウラジオストク駅前にあるレーニンはいま国民に何を呼びかけるのだろうか　左中／コンサートやサーカス情報は街角のポスターで告知されることが多い　左下／潜水艦C-56博物館では、大戦中活躍した潜水艦の内部の魚雷発車装置が展示されている（P142）

バレエやアイスホッケー、氷上マラソン

イベント盛りだくさんの冬こそ この町ならではの体験を楽しもう

ウラジオストクの冬はたしかに寒い。平均気温は11月に入ると零下になり、年間の最低気温となる1月には零下12度まで下がる。12月に入ると、周辺の海は氷結する。海に面しているので風が吹く日は特に寒さが身に染みる。春が訪れるのは4月下旬以降だろう。

では、冬は行くのはやめた方がいいかというと、決してそんなことはない。

まず雪や氷に閉ざされたロシアの町というのは美しい。日本の雪国の木造民家に多くの外国人が魅《ひ》かれるように、レンガ造りの西洋の町並みや木立が雪で包まれるさまは、日本人の目には新鮮に映る。

ロシアでは外は寒くても、ホテルやカフェなど室内はしっかり暖房しているので、ウラジオストクのような小さな都市に滞在する場合、移動は少なくなんとかやり過ごせるものだ。町歩きは季節のいいときにして、冬のロシアを体験するべきだ。

ウラジオストクの冬はイベントがけっこう盛りだくさんなのも、行くべき理由だ。実は、ロシア正教会のクリスマス（降誕祭）は1月7日。実際にはカトリックやプロテスタントとは教義が異なるので、その日をクリスマスと呼ぶのは厳密にいうとおかしいと、あるロシア人に言われたことがあるが、もともと日本人にとってクリスマスほどいいかげんなイベントはないので、気にしないことにしよう。一方ロシアでも、ヨーロッパのクリスマス休暇に便乗して12月中旬から1月7日のクリスマスをはさんで、中旬まで休みが続くという。

この期間中、ウラジオストク市内はクリスマスのイルミネーションでデコレーションされる。大みそかの夜は中央広場でカウントダウンイベントがあり、花火でにぎわう。これ自体は西欧の国ならどこでもやっていることだが、日本で迎えるクリスマスや大みそかとはまるで違う。この時期こちらで過ごすのもありではないか。

いまやウラジオストクの顔ともいうべき、マリインスキー劇場（P42）ではクリスマスシーズンに入る12月下旬から年明けにかけて「くるみ割り人形」の連続公演が始まる。これはクリスマスイブの一夜の夢の物語である。ウラジオストクの「くるみ割り人形」は本家サンクトペテルブルクのマリインスキー劇場とは異なるオリジナルバージョンなので、見る価値はあるだろう。

2月下旬には、ウラジオストク国際アイスランが開催される。会場はルースキー島東部の深い入り江で、夏は海だが、冬は氷結する。朝晩は相当冷えるが、日中は零下7度。その氷の上を走るハーフマラソンだ。ランナーは毎年１０００名ほどで、日本人も今年は30名参加した。コースは5km、10km、21・1kmから選べ、6歳から13歳まで参加できる５００mコースもある。

冬はロシアで人気のアイスホッケー（P１１５）のシーズンになる。アドミラルという地元プロチームがあり、郊外のスタジアムで観戦するのも楽しいだろう。

中央広場　Площадь Борцов за власть Советов

スヴェトランスカヤ通りに面した広場。大みそかの夜、カウントダウンイベント会場になる。毎年変わるクリスマス用のデコレーションは美しい。

ウラジオストク国際アイスラン

開催当日は朝９時にスタート地点で開会式があり、10時にはまず21.1km 参加者がスタート。10時半に10km、10時45分に5km、11時に500m（子供用）の参加者が時間差で走りだす。午後２時にはタイムアウトで、表彰式とセレモニーが行われる。http://jp.vladivostokice.run

右上／巨大な電飾クリスマスツリーが広場に現れた。12月中旬から１カ月間近く立っている（Discover Vladivostok Photobank 提供）　左上／年明けと同時に広場の周辺でいっせいに花火が打ち上げられる。カウントダウンの瞬間（Discover Vladivostok Photobank 提供）　下／アイスランは年々参加者が増えている。滑り止め用スパイクシューズを着用して走る。子供のランナーも増えており、参加者全員にメダルがわたされる

極東エリア唯一の劇団には日本人も所属

マリインスキー・バレエ団のめくるめく華麗な舞いに息をのむ

パリ・オペラ座バレエ団や英国ロイヤル・バレエ団、モスクワのボリショイ・バレエ団、そしてサンクトペテルブルクのマリインスキー・バレエ団など、世界的なバレエの中心地からは遠く離れているが、極東ロシアのウラジオストクでは、1年を通じてバレエの公演が行われている。その舞台となるのは、ウラジオストク港に架かる金角湾大橋のすぐ先に、2012年に完成した現代的な劇場だ。

正式名は「ロシア国立マリインスキー劇場沿海地方ステージ」。2016年から同劇場がサンクトペテルブルクのマリインスキー劇場の傘下に入り、この名前がついた。双方の人材の交流も盛んとなり、本場の舞台芸術が楽しめるようになった。

18世紀にヨーロッパから伝わったバレエは、皇帝の庇護の下、ロシアで独自の発展を遂げた。ロシアバレエの特徴は、演劇と結びついたドラマティックな演出にあり、高度なテクニックや変化に富む舞台構成で観客を魅了した。チャイコフスキーの音楽による「眠れる森の美女」「くるみ割り人形」「白鳥の湖」は、今日でも代表的な演目になっている。

ウラジオストクのマリインスキー・バレエ団では、それらに加え、ロマンティックバレエの代表作「ジゼル」や「カルメン」「エスメラルダ」などわかりやすい作品を中心に上演している。目の前で繰り広げられるダンサーたちの華麗な舞いに息をのむことだろう。

同劇団のユニークさは、団員の多国籍性にあるという。現在8名いる日本人だけでなく、中国やブラジル、イタリア、スペイン、ベルギーなど、ロシア人以外のダンサーも多数所属しているそうだ。

「それでも、ここはロシアメソッドが基本。ロシアバレエは古典を大切にします。練習中も『ここはマリインスキーなんだぞ』と、厳しい声が飛ぶこともあります」。そう話すのは、日本人ダンサーの西田早希さんだ。

ウラジオストクのマリインスキー・バレエ団の公演は、例年7月下旬から翌年の5月中旬までがシーズン。6月は休暇で、7月にウラジオストクに戻り、同月末にサンクトペテルブルクのマリインスキー劇場に約2週間出張公演する。その期間はサンクトペテルブルクからバレエ団が来て代わりにウラジオストクで公演するという。こうして1年の大半を通じてバレエが楽しめる。

同劇場には、4階建てバルコニー付きの古典的なイタリアの蹄鉄《ていてつ》の形をした収容人数1356名の大ホールがある。シーズンに入ると、通常公演は夜からなので、昼間は町の散策に使い、夕方にいったんホテルに戻って、日が暮れる頃、劇場を訪ねるというのが気分だろう。劇場のクロークでコートを預けたら、カフェで過ごすのもいい。公演は休憩を入れて約2時間半の長丁場だ。早めの夕食をとってくる手もあるかもしれない。カフェではコーヒーやスイーツ、軽食、スパークリングワインが楽しめる。

マリインスキー劇場沿海地方ステージ　МАРИИНСКИЙ ТЕАТР Приморская сцена

現代屈指の指揮者ヴァレリー・ゲルギエフ率いるサンクトペテルブルクのマリインスキー劇場は、モスクワのボリショイ劇場に並ぶ世界的なオペラとバレエの殿堂だ。その傘下に入ったのが、ウラジオストクのロシア国立マリインスキー劇場沿海地方ステージである。劇場への行き方や公演後の帰り方については、P46のコラムでロシアの地図アプリや配車アプリの使い方を説明してあるので、参考にしてほしい。

INTERVIEW

日本人ダンサー、西田早希さんの語る ウラジオストクの魅力

この劇場でソリストとして活躍しているのが西田早希さんだ。西田さんは、16歳のときに単身サンクトペテルブルクの名門ワガノワ・バレエ学校に入学し、卒業後はモスクワの劇場でデビュー。2016年に、ウラジオストクのマリインスキー・バレエ団のエリダール・アリーエフ監督に誘われ、この地にやって来た。

彼女は、毎月平均7〜10回の公演をこなす。海外に公演に呼ばれることもある。「毎朝10時に劇場に出かけ、11時頃からレッスンです。午後からリハーサルです。そして、夜7時からは公演が始まる、そんな毎日です」

3歳でバレエを始め、子供の頃からレッスンに明け暮れる日々を送り、「気がついたら、ここにいた」と語る西田さんはウラジオストクの魅力についてこう話す。

「初めてウラジオストクに来た頃は、首都のモスクワに比べてなんて小さな町と思っていたけれど、レストランの質はモスクワと比べても遜色がないほど高い。町から海がすぐそばなのも魅力で、休日は夜の海辺を散歩するのが好きです」

彼女のおすすめレストランは、スポーツ湾に面した地元で人気のジョージア料理店のスプラ（P54）。「スパイシーなスープのハチャプリや串焼き肉のシャシリクがおいしい。ウラジオストクには多国籍料理のレストランが多く、グルメが充実しているのが魅力です」

西田早希さんと同じ劇団のダンサー仲間と一緒に

TICKET

マリインスキー劇場の予約

マリインスキー・バレエ団の公演チケットは、劇場の公式サイトで公演日程と演目を調べ、予約購入できる（英語版あり）。まずトップページで個人登録し、完了メールが届くと、ログインする。演目や日程、座席を決めたら、支払いはクレジットカード。その後、メールでEチケットが送られてくるので、プリントアウトして劇場に持っていくといい。席にもよるが、チケット代は日本円で3000円くらいからあるので、気軽に鑑賞できるのがうれしい。

マリインスキー劇場沿海地方ステージ公式サイト
https://prim.mariinsky.ru

「くるみ割り人形」は、チャイコフスキー作曲で、ドイツの作家ホフマン原作の物語を台本にしている。ウラジオストクのマリインスキーバレエ団の看板となる舞台のひとつだ。上演中、ダンサーたちが舞い踊るさまは、本当におとぎ話を見ているようだ。3時間近い公演も飽きることなく楽しめてしまう

COLUMN 1

ウラジオストクを旅行するなら必須の地図アプリと配車アプリ

ウラジオストクの観光スポットは市内にほとんど集中し、たいてい徒歩で行ける。キタイスキー市場（P28）やウラジオストク国立サーカス（P98）のように歩くには少し離れている場所もあるが、ウラジオストク駅発31番の路線バスを使うと20分くらいで行ける。マリインスキー劇場へも市内中心部から15番バスで行ける。

問題は、バレエの公演後ホテルにどう帰るか。多くの地元客が一斉に帰宅のために劇場の前にどっと繰り出すが、彼らはロシアの配車アプリを利用してタクシーを呼び寄せている。15番バスが走っているが、終演時間は夜の10時近いので、本数も少なく、利用は現実的ではない。

ロシアではGoogleマップが使えるし、ロシアの地図アプリとして「2GIS」と「Yandex Maps」がある。これらはGoogleマップに比べ、ロシア国内での情報の精度が高く、レストランやショップのオープン時間や電話番号といった付帯情報も多い。英語版もあるので役に立つ。

そして、地元の人たちが車を呼ぶのに使っているのは、ロシアの配車アプリ「maxim」だ。これも英語版があり、スマートフォンにアプリをダウンロードすれば、現地でタクシーを呼べるようになる。iOS、Androidともに対応可。英語版があるとはいえ、慣れない地名などを調べたり、打ち込んだりするのは容易ではないかもしれない。ホテルのフロントにお願いして予約してもらう手もあるだろう。その場合、必要なのは車のナンバーを控えておくことだ。

ホテルや市内のカフェではWi-Fiはたいてい使えるが、戸外に出ると、ローミングやWi-Fiルーター、現地のSIMカードを購入するなどして、スマートフォンで通信できる状態にしておくことはほぼ必須条件になる。

ウラジオストクでは市内を散策するだけならいいが、郊外に行こうと思ったら、タクシーが使えると便利だ。ただし、現地のタクシーを利用する場合、まず一般のドライバーはロシア語しか話せない（一部若いドライバーは英語を話す人もいる）。彼らの車は必ずしもメンテナンスが十分とはいえないケースもある。そもそもウラジオストク市内を走る8割近くが日本の右ハンドルの中古車である。オペラやバレエなど文化方面では優れている一方、こうしたインフラ面で遅れているのがウラジオストクの実情でもある。この点は、すぐには改善できないことなので、事前に対策を考えておいたほうがいいだろう。

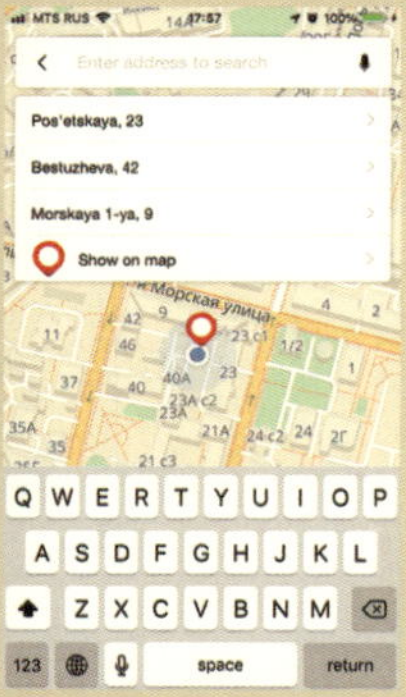

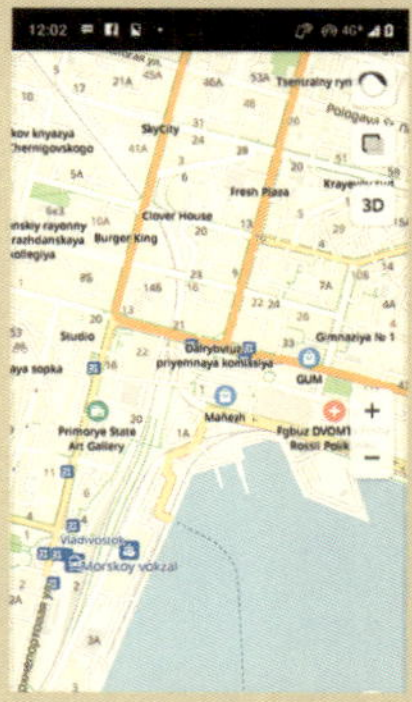

右／Yandex Maps（https://yandex.com/maps）はとても便利
左／maxim で目的地を探し、乗車ルートが決まると料金がわかる

タクシーはひと目でわかるが、配車アプリで呼ぶ車は一般車が多い

maxim
ここからアプリをダウンロードできる。https://taximaxim.ru

Chapter 2

伝統ロシア料理×日本海のシーフード

未知なるグルメシティーを探索

想像以上に食の世界が豊かで多様なのがウラジオストクだ。濃厚だが、上品な味つけのロシア料理は日本人の口に合う。ロシア風水餃子のペリメニは見た目がかわいく、ヘルシーで女性に人気。海と森の新鮮な素材を使った食の新潮流「パシフィック・ロシア・フード」や、ジョージア（旧グルジア）料理のスパイシーな味わいも、この町ならではの味わいだ。町中の至るところに居心地のいいカフェやバーがあり、スイーツやお酒もたっぷり楽しめるだろう。

クセのない上品な味つけで日本人の口に合う 多民族のレシピと味覚を結集した本場のロシア料理を味わいつくす

ロシア料理と聞いて何を思い浮かべるだろうか。真っ赤なスープのボルシチやオーブンした具材入りパンのピロシキ、あとはロールキャベツやビーフストロガノフだろうか。どれも濃厚だけれど、基本的にクセのない上品な味つけで、日本人の口にも合うと思う。

ロシア料理は、伝統的には帝政ロシア時代にフランス料理のレシピを取り入れたことで形成されたという。寒冷な気候や広大な国土、多民族国家としての各地域の特色ある味覚が加わるなど、その種類は意外に多種多様である。

味つけの特徴は、ロシアのサワークリームのスメタナを多用し、刺激が少なく繊細なものが多い。ロシア人は、夏になるとダーチャで自家製野菜をつくり、秋はキノコ狩りでマリネにする習慣があり、野菜を豊富に使うのも特徴だ。かつてソ連邦の一員だった中央アジアやコーカサス地方の影響で、スパイシーな肉の串刺しのシャシリクや、ハンバーグに似たキエフ生まれのカツレツなどの肉料理もある。北国らしく、スープの種類がとても豊富で、どれも具だくさんでおいしい。

レストランでは、まず前菜として冷菜(ザクースカ)かサラダを選び、スープ、メインディッシュ(フタローエ・ブリューダ)、そして食後のデザート(ディセルト)、紅茶(チャイ)の順でテーブルに供される。コースで注文しなければならないということはなく、ダイエットを気にする女性は前菜やスープを外し、メインディッシュをペリメニなどの軽いメニューにすることもある。

ウラジオストク市内にはたくさんのロシア料理店があるが、噴水通りにある「スボイフェーテ」はフレンチ風のおしゃれで落ち着いたインテリアの人気店だ。本場のロシア料理はもちろん、極東ロシアでなければ手に入らない旬の素材を使った、さっぱり味のシーフードメニューも豊富。写真付きの英語メニューもあるので、外国人も利用しやすい。

もう一軒を挙げるなら、アストリアホテルに併設するオーガニックレストラン「オゴニョク」だろう。シェフは地元の沿海地方でとれた食材しか使わないというポリシーの持ち主で、タイガの森にすむ鹿肉料理など、ジビエの野性味が楽しめる。厨房は客の目の前で調理するオープンキッチン式。天井から吊り下げられたオブジェが見せる斬新なデザインの内装が印象的だ。店に置かれたワインの種類も多いので、ワイン好きのロシア人も集まっている。

ウラジオストクには、本格的なロシア料理店に加え、コーカサス地方のジョージア(旧グルジア)料理や、日本海の海鮮を使ったシーフードレストランが多い。さらに近隣アジアの中国や韓国、日本、そしてひそかに話題の北朝鮮レストランもある。想像以上に食の世界が豊かで多様なのが、現在のウラジオストクのグルメシーンである。

スボイフェーテ　Svoy Fete
ロシア風シーフード料理を味わうならここ。日本の刺し身とは一味違う鮮魚の生食の世界が体験できる。ロシア料理のメニューはどれでも食べられる。
http://svoy-fete.ru

オゴニョク　Огонёк
極東ロシアのジビエ料理ならこの店。人気メニューはカニのラザーニャやキノコのシチューなど。市内から少し離れているが、路線バス15番で行ける。
http://ogonekvl.ru

肉厚にカットしたスモークサーモンのケター。オリーブやピクルスなどを添えて食べる。ほのかな塩味で、そのままでおいしい（スボイフェーテ）

近海でとれたニシンをハーブやニンニクと一緒に酢に漬け込むセリョトカ。ロシアで人気の前菜。ウォッカに合う（スボイフェーテ）

ストロガノフ伯爵家の調理人が歯の悪い主人のために肉をスメタナで煮込んで生まれたビーフストロガノフ（スボイフェーテ）

地元の契約農家の鶏や野菜を使った料理を提供するオゴニョク。季節によって旬の素材を使うのでメニューも変わる

スボイフェーテは噴水通りのビーチに近い場所にある。空色の明るい外観が目印。1階と地下のフロアに分かれ、個室もある

ビーツのほのかな甘さが特徴の野菜入りスープのボルシチ。スメタナをかけて食べるのが一般的。具は店によっていろいろ（スボイフェーテ）

見た目もかわいく、ヘルシーなので女性に人気

ロシア風水餃子ペリメニの郷土色豊かでポップな専門店

ロシア風水餃子のペリメニは、ユーラシア大陸全域、特にシルクロードに沿って東は中国の餃子から西はイタリアのラビオリまでに共通する、小麦の皮に具を包んでゆでたり、蒸したり、焼いたりして食べる粉モノ料理のひとつ。

小麦粉や塩、卵などをぬるま湯（または牛乳）で練ってつくった生地に、ひき肉や野菜を包んでゆでる。中国の餃子とは違い、丸い形をした小ぶりな一口サイズで、包み方に特徴がある。丸い皮に具を入れた後、半月型に折った皮の端と端をくっつけると、まるで三つ編みを頭に巻き付けるお姫様の髪型のようで、見た目がかわいい食べ物だ。

ウラジオストクのペリメニ専門店「ローシキプローシキ」は、郷土色豊かな手づくり感覚のポップな内装が魅力。レンガ造りの壁にペリメニづくりに使われる小麦粉のザルやめん棒を装飾的に配置。パステルカラーに塗り分けためん棒を幾何学的に並べることでシベリアや極東ロシアの食文化を軽やかに演出している。

ペリメニ専門店だけに具材のバリエーションが多い。同店の人気メニューは子牛のひき肉とニンニク入りの「おばあちゃんのペリメニ」や、牛肉と豚肉の合いびきの「シベリア風ペリメニ」など。肉汁たっぷりの中国の餃子とは違い、鶏肉やエビ、サーモンなどの魚肉や、ジャガイモやホウレン草、キノコなどを豊富に使うヘルシーなメニューが多い。イチゴやサクランボなど甘い具を入れたものもあり、ヴァレーニキと呼ばれ、おやつ感覚で食べられる。

ゆでたあとの味つけも餃子とは違う。まずバターであえ、ハーブを飾り、ロシア風サワークリームのスメタナを添えるのが一般的な食べ方だ。塩味も強くない。それだけでは物足りない場合、挽きたての黒こしょうや各種ソースをかけることもある。

実際、ペリメニ専門店では、ソースは別注文で、スメタナ以外にもタルタルソースやケチャップ、マヨネーズ、チリソース、マスタード、しょうゆなどがある。「ローシキプローシキ」のメニューでは、各ソースは20〜40ルーブル（40〜70円）ほど。

ロシアでは基本的にペリメニは家庭料理。レストランで食べるものではなかったのだが、最近このような専門店が増えているのは、ダイエットを気にする女性たちの支持を得ているからだろう。実際、店内には若い女性客が目立つ。

同店が女性に人気のもうひとつの理由は、食事以外のドリンクやデザートの種類が豊富なこと。ミントティーやフルーツティー、ロシアの伝統的なハーブティーでビタミンCたっぷりのイヴァンチャイなどが飲めるし、ナポレオンケーキやジャム入りのロシア風クレープのブリヌィなど、定番スイーツも楽しめる。

ウラジオストクでは、メニューの中身に加え、郷土料理文化をおしゃれに演出し、きめ細かい趣向で女性の支持を得ている飲食店が増えている。

ローシキプローシキ　Ложки плошки

アルセーニエフ記念沿海地方博物館の向かいの石畳の通りにある。ペリメニは具の種類だけメニューがある。軽く食事をすませたいときにいい。一見女性向きのレストランではあるが、アルコールのメニューもある。メニューを見ると、さすがは酒飲みの国ロシアらしく、コニャックやウイスキー、ブランデー、ラム、ジン、ワイン、ビール、カクテルなど選び放題だ。日本語メニューもある。http://lozhkiploshki.ru

上／こちらも人気メニューで、黄色い皮のペリメニは鶏肉とチーズ、バジル入り。緑の皮はヘルシーなチーズとホウレン草入り。少し意外だが、ロシアではペリメニはウォッカと相性がいいとされる。昔高価な毛皮となるクロテンを狩猟に行くとき、ペリメニを保存食とし、マイナス20度以下でも凍らないウォッカを忘れなかったという。ペリメニはお湯をわかしてゆでれば食べられる。それが彼らの食事だった　右下／ローシキプローシキはこの看板の下、ショップの地下1階にある　左下／食堂風の店内だが、ペリメニのめん棒が内装デザインの重要なコンセプトになっている

地元の海鮮とタイガの森の食材を地産地消

パシフィック・ロシア・フードは極東ロシア版スローフードである

日本海に面したロシアの港町、ウラジオストクでは毎年10～11月頃、カニフェスタが始まる。市内に数あるシーフードレストランが日本海やオホーツク海でとれたタラバガニや毛ガニを旅行客に思う存分食べてもらおうと開催するイベントだ。

これを始めたのは、ウラジオストクの新しい食の潮流を提唱しているレストラン「ポルトカフェ」。同店で味わえるのは、日本海で水揚げされた海鮮をふんだんに使った料理で、「パシフィック・ロシア・フード」と呼ばれている。太平洋（実際には日本海）に開かれた極東ロシアのローカル素材を使ったグルメというわけだ。

メインは、ロシア人女性スタッフの顔ふたつ分はありそうな巨大なカニだ。軽く塩ゆでしてあるだけで、日本のカニ通からすると身は少々大味に感じるかもしれない。でも、これを目の前に出されれば、たいていの日本人は無言で食らいつくだろう。

この店の名物は、いわば極東ロシア版「カニ御膳」。近海でとれるホタテはレモンをさっとかけて食べる。ナマコの酢漬けはプリプリと口の中で踊る新鮮さに加え、さわやかなロシア風ビネガーの味つけが口に合う。カニを豊富に使って、ロシア風に素材を重ねるオリヴィエサラダも美味。

地元のPR会社社長でポルトカフェのオーナーでもあるキリル・パタペンコさんは「沿海地方には魅力的で固有の食材があるが、それを提供するレストランはなかった。世界的にローカルフードが注目される時代であり、地元の食材を使って料理を供すれば、ウラジオストクを訪れる旅行者を引きつけることができると考えた」と語る。

パシフィック・ロシア・フードには以下の4つの特徴があるという。

まず極東ロシアの先住民の魚の生食の習慣を継承していること。古来、極東ロシアのウスリー川沿いに住んでいた先住民族であるナナイ人（中国名「赫哲《ホジェン》族」）の魚の生食の習慣を指す。川魚を凍らせて、その身を切って生のまま食べるという極東ロシアの刺し身である。北海道のアイヌ料理のルイベだと思えばいい。

二つめは、ロシア料理やウクライナ料理の調理法をベースにしながら、ローカル素材を使うこと。海鮮に加え、森でとれた山菜のゼンマイや松の実、ハチミツ、ベリー、韓国料理で使われるリモンニク（朝鮮五味子）などの生薬も調味料として使う。

三つめは、中国や韓国、日本など近隣アジアの調理法を採り入れること。日本風に刺し身にすることもそうだが、中国や朝鮮半島の調理法の影響も強いということだ。

最後の特徴は、家庭料理に近い素朴な味わい。モスクワのような宮廷文化から発祥した都会的で洗練された料理というより、数百年かけてシベリアを東方に大移動したロシア人の末裔《まつえい》らしく、素朴な家庭料理の味つけということらしい。まさにパシフィック・ロシア・フードは極東ロシア版スローフードなのである。

ポルトカフェ　PORT CAFE

パシフィック・ロシア・フードの発信地。ロシアのシーフード店では、鮮魚の扱いが日本とは少し違うが、ロシアらしい調味料を使い、基本的には素材を生かした調理法なので新鮮な味覚が楽しめる。シーフードスープもロシア風のさっぱりしたものから、アジア風の激辛までいろいろある。隣に同じオーナーが経営する「シンジケート」という1920年代のアメリカの禁酒法時代をイメージしたライブレストランがある。http://port-cafe.ru

上／極東ロシア版「カニ尽くし御膳」。タラバガニの塩ゆでは最近値上がり傾向で、1kg2500ルーブル（約4000円）くらいから　右下／船内をイメージした「ポルトカフェ」の内装はロシアらしく木のぬくもりを感じさせる　左下／場所は市内から少し離れたパクロフスキー教会のさらに北にある

ウラジオストクは日本海に面し、シベリアのタイガ（亜寒帯針葉樹林）の森に囲まれていることから、海や森の食材に恵まれている。それらの食材をふんだんに使う、この土地ならではのグルメがパシフィック・ロシア・フードです。

「ポルトカフェ」シェフのスラーヴァさん

スパイシーなコーカサスの香りを堪能する

人気のジョージア料理とワインがウラジオストクで味わえる理由

ウラジオストクでは、本場のロシア料理以外にもさまざまな食の楽しみがある。極東から遠く離れたコーカサスや中央アジアの料理店がそこかしこにあるからだ。

なかでも代表的なのがジョージア料理。日本ではほとんど味わうことのできない未知なる味覚は、世界最古とされるジョージアワインとともに、この町の人たちに支持されている。マイルドなロシア料理にはない、エキゾチックで刺激的な風味が、黒海に面したジョージア産のセミスイートなワインによく合う。

ジョージアワインが飲まれるようになったのは、ロシアがグルジアを併合した19世紀初め頃からだといわれるが、グルジア人であるスターリンが愛好したことから、ソ連時代に普及したのだという。オーク樽やクヴェヴリという甕《かめ》で熟成する古代から伝わる醸造法が特徴だ。

有名な銘柄としてはドライ系で香りの強いムクザニ。スターリンが愛飲し、イギリスのチャーチル首相も絶賛した、さわやかなスイートワインのキンズマラウリも広く知られている。白ではドライ系のツィナンダリだろうか。

2008年の南オセチア紛争を機に両国の関係が悪化したため、一時期、ロシアはジョージアワインの輸入を禁止していたが、そのときはギリシャ経由でボトリングされたものがロシアに入っていたという。現在、ロシアではフランスや南アフリカ、チリ、オーストラリアなど世界各地のワインが輸入されているが、この国の人たちにとって長い間ワインといえばジョージアなどコーカサス産のものだった。

では、なぜ極東の町で旧ソ連の西のはずれのジョージア料理が味わえるのか。

ロシア人にとって、ジョージアなどコーカサスの国々は、イギリスから見た南欧のように、温暖で食に恵まれた土地であり、おいしいものの宝庫と考えられてきたからで、ウラジオストクも例外ではない。

また、ウラジオストクには、ソ連時代以降に送り込まれた中央アジア系移民が多く住んでおり、市内に20軒近くのコーカサス料理店がある。あるジョージア料理店のシェフは「これらの店の厨房で働くのは基本ジョージア人なので、どこでも本場の家庭的な味が楽しめる。ロシア人は辛い料理が苦手なので、辛さは控えめにしているが、彼らがジョージア料理を受け入れた決め手は、フメリ・スネリというオリジナルスパイスだろう」と語る。

これはバジルやコリアンダー、唐辛子、セロリ、パセリ、ローリエ、ミント、フェネグリークなどをブレンドしたジョージアの特製スパイスで「これを使うと、どんな料理もジョージア風になる」という。

数あるジョージア料理店の中でも、海辺通り沿いの「スプラ」は、行列のできる人気店だ。料理もいけるが、行列客にもドリンクを出すなど至れり尽くせりのサービスが人気の理由だ。

スプラ　Cynpa

もはやスプラは、ウラジオストクを代表する人気レストランで、町の人は誰でも知っているから、店に行くのに迷うことはないだろう。ドリンクはワイン以外にもいろいろあり、スパークリングワインやデザートワインなど。ロシア人は食前に飲む甘いシャンパンがお好みのようだ。チェブレキという小麦粉を風船のようにふくらませて、中にリンゴやベリーなどのジャムが入ったジョージア風デザートもおすすめなので、試してみては。http://supravl.ru

牛や豚、羊肉を串焼きにし、スパイシーなソースを塗った本場のシャシリク。コーカサスだけでなく、中央アジア一帯で食べられる。串から肉を抜いて、皿に並べて香草をかけて食べる

楕円形の平たいパン生地にチーズやタマゴを入れたピザパンのハチャプリ。タマゴをチーズとかき混ぜ、パンを端からちぎり、チーズをつけて食べる

上／厨房はオープンキッチン式で、中央アジア系の調理人がほとんど。店内はコーカサスの音楽で盛り上がる
下／ジョージアワインの歴史は世界最古で8000年前にさかのぼるという。最近日本でも人気になっている

超スパイシーな子牛のトマト煮込みスープのハルチョーは代表的な料理。タマネギやニンニク、クルミ、米、セロリの葉などが入っている。さわやかなスパイシーさが口に残るが、かなりのこってり味

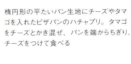

料理を見ながら注文できるので便利

大衆食堂スタローヴァヤでロシアの庶民の味に親しもう

ロシア旅行で困ることのひとつが、レストランでロシア語しか書かれていないメニューを手渡されたときだ。自分の食べたいものがうまく伝えられないことほど、もどかしく残念なことはない。そんなとき、救われた気がするのが、ロシアの大衆食堂スタローヴァヤの存在である。

スタローヴァヤはビュッフェスタイルのファミレス。もともとソ連時代の企業や工場、大学に併設された食堂の流れをくむものだが、最近は若者向けのおしゃれなチェーン店も現れている。

メニューの中身も庶民的でリーズナブルだ。コーヒーや紅茶、ビールなどのアルコール類も豊富。つくりおきの料理が並ぶところは、昔ながらの日本の定食屋みたいでもある。料理を見ながら好きなだけ選べるし、ボリュームもあるので、ひとり旅でも気軽に利用できる。

この町でおすすめなのが、ヴェルサイユホテルの隣にある「ニルィダイ」。2016年にリニューアルされ、レストランに近い雰囲気が楽しめる店だ。地元の若い家族連れの姿もよく見かける。

利用方法は、厨房から運ばれた料理が並ぶショーケースの前でトレーを持って好きなものを指差し、皿にのせて渡された料理をレジでお会計するだけ。VISAなどのクレジットカードは普通に使える。平日は朝9時から開いているので、開店直後に行くと、できたての朝食が楽しめる。

では、どんな料理が食べられるのか。ショーケースに並ぶのは、チキンと野菜の炒め煮や卵とじ、ハンバーグ、いんげん炒め、ブロッコリーなど、日本人にも親しみのあるメニューばかり。味つけもほぼ見た目のとおり。ロシアっぽさを感じさせるのは、ボルシチなどのスープ類が豊富なことか。

しかも、どれも驚異的な安さ。一品50～100ルーブル（80～170円）くらい。コートをクロークに預けるようなレストランではこうはいかないが、こうした地元庶民の食事が並ぶスタローヴァヤのメニューはとことんリーズナブルなのだ。

ロシアでの庶民向けの食事がこれほどリーズナブルなのは、もともと欧米に比べて物価が安かったことに加え、ここ数年のルーブル安によってさらに割安になっているからだ。外資系チェーンも少なく、ウラジオストクにはまだマックは進出していない。そのぶん、ローカル色豊かな飲食店が多いところが魅力といっていい。

ウラジオストク市内には、ここ以外にも至るところにスタローヴァヤはある。実は、このニルィダイの通りの向かいには、ソ連時代の雰囲気を演出している新感覚の食堂があるし、ウラジオストク駅の周辺には乗客が利用するのに便利な店が点在している。チェーン店も多く、たいてい店の前に「Столовая（スタローヴァヤ）」と書かれているので、わかるだろう。ケーキなどのデザート類やドリンクも豊富なので、散策の合間にカフェ代わりに使ってもいい。

ニルィダイ　Не рыдай

ここは料理だけでなく、ドリンク類も安い。ロシアのローカルビールの生1杯100ルーブル、アサヒのスーパードライで180ルーブルほど。シャンパンやウォッカなど、ロシア人好みのアルコール類も当然揃っている。手頃な値段のロシア産ワインもある。これらはグラスでも注文するのが普通だが、ボトル1本でも買えてしまう。日本の外食チェーン風にいうと、「ちょい飲み」できる店といえるかも。ただし、居酒屋ではないので、酔っ払いはNGだ。

ショーケースにたくさんの料理が並ぶ。その左右の棚にサラダや各種ドリンク、デザート、パンなどが置かれていて、端にレジがある

場所はアルセーニエフ記念沿海地方博物館と同じスヴェトランスカヤ通りに沿ったビーチ側にある

朝一番に来たので、店はすいていた。ファミレス風の店内だが、料理は自分で運ぶセルフ式。食べたらトレイごと返却する

ロシア人はそばの実（写真中央）を肉料理の付け合せとしてよく食べる。お米とは食感が違い、香ばしい感じだが、ダイエットに効く健康食だそう

スタバはまだないけど、そのぶん個性的！

生まれたての西海岸の香り 手づくりカフェ文化を楽しみたい

ロシアでは、カフェはお茶やスイーツを楽しむだけでなく、食事やお酒も楽しめる場所だ。ピロシキやロシア風クレープのブリヌィ専門店など、いかにもロシアらしいカフェもある。スターバックスのような、世界中どこにでもあるグローバルチェーンがまだ出店していないところも、この町の魅力。そのぶん、彼らなりの遊び心にあふれた個性的なカフェがウラジオストクの町中にあふれている。

ロシアらしいカフェの代表といえば、噴水通り沿いにあるブリヌィの人気店「ウフティブリン」だろう。ブリヌィは、小麦粉の生地のクレープにジャムやハチミツなどのシロップをかけて紅茶と一緒にいただくスイーツだが、サーモンやハム、チーズなどをはさめば軽食になる。ロシアでは粉ものグルメはスイーツにも食事にもなる。コース料理のデザートとしても人気だ。

もうひとつのロシアらしいカフェといえば、ビーチ沿いのパグラニーチナヤ通りにある「ドルージバ」だろう。この店はウラジオストクでは老舗のカフェで、店内はソ連時代のレトロな雰囲気を漂わせている。一見、古き良きアメリカの1950年代の大衆食堂のダイナーのようにも感じられるかもしれないが、店内のディスプレイやメニューなどの文字はすべてキリル文字。飾られる写真はジェームズ・ディーンではなく、ソ連時代の人気歌手で、アメ車のように見えるのは、ロシアの人気スポーツのアイスホッケーゲームの台である。このロシアンカフェでは、食事やお酒がたっぷり楽しめる。メニューを見ると、ビーフストロガノフからロールキャベツ、カツレツ、ペリメニ、ボルシチといった定番のロシア料理はすべて書かれている。アルコールの種類も豊富である。

最近では、食事のメニューはそこそこにして、紅茶やコーヒーの本格的な香りを求めるカフェも現れてきた。その代表格は、極東ロシア全域に展開するカフェチェーン「カフェマ」だ。もともとロシアではコーヒーより紅茶を飲むのが一般的だったが、バリスタによるコーヒーを飲ませる店として人気を呼んでいる。世界各地の豆を仕入れ、それぞれ味や香りの違いを楽しむコーヒー文化がロシアで広まっていくのは2000年代に入ってから。パシフィックロシア（太平洋ロシア）文化を意識したウラジオストクのような港町では、アメリカ西海岸風のコーヒー文化は普及しやすかった。カフェマはモスクワなどの大都市に出店しているグローバルチェーンのスタイルを意識しつつ、ロシア人好みのぬくもりのある空間をつくり出している。店内のデザインも手づくり感覚にあふれ、接客も気取ったところはなく、アットホームである。この店では、コーヒー豆だけでなく、お茶も購入できる。ロシアは干しブドウやバラの花、コケモモなどのフレイバーティーの種類が豊富だし、中国茶や日本の緑茶も人気で、販売されている。

ウフティブリン　Ух Ты Блин

噴水通りのややアレウーツカヤ通り寄りの場所にある。もともとブリヌィは家庭料理で、外食できる店は少ないうえ、プレーンなブリヌィは1個100ルーブル（約170円）くらいからとリーズナブルなせいか、地元の人たちに人気だった。だが、最近では観光客が多い通りにあることから、店内は外国人の姿も多くなっている。毎年2〜3月のスラブの春祭り「マースレニッツア」は、ブリヌィを食べる日となっていて、噴水通りもにぎわいを見せる。

上／ウフティブリンは昔ながらのスタイルの店で、カウンターでメニュー（具の中身）を選んで注文し、先払いするシステム。英語と日本語のメニューあり　右中／サーモンとチーズ入りブリヌィは軽食になるし、ふんわりした衣の歯ごたえとクリーミーでほどよい塩味がビールにも合う　右下／最もプレーンなブリヌィはジャムとクリームソースがけ。もっと甘くしたければ、ハチミツをかけてもいい。フォークとナイフで上品にいただこう。紅茶と一緒にどうぞ　左下／モスグリーンの愛らしい外観が目印のウフティブリン

カウンター上部や黒板に書き出されたキリル文字のメニューは新鮮に映る。英語メニューもあるので注文は困らない

右／この町では老舗のカフェ「ドルージバ」。スポーツ湾に面したこの店の並びにはバーが多い　中／カウンターで語らうウラジオストクの若者たちはソ連時代を知るはずもない　左／ダイナー風の店内はなぜか赤い照明の光が全体を覆っている。店に置かれたソ連っぽい写真や調度品を点検してみるのも面白い

ロシアでは日本でいうところのブレンドコーヒーはアメリカンコーヒーと呼ぶ

ドルージバ　Дружба

料理の種類も多いが、ビールやワイン、ウォッカ、カクテルなどアルコールの種類もやたらと多い。ブリヌィやケーキ、アイスクリームなどのデザート類も揃う。こういう何でもあるのがロシアらしいカフェだ。お昼から朝3時まで営業している。昼間は静かなカフェだが、週末の夜も遅めになると、店内はクラブのような雰囲気になり、ライブ演奏が行われることもある。http://vk.com/drujbabar

右上／ロシアの伝統菓子プリャーニクとアメリカンコーヒーのセット　左上／カフェマは現在、ウラジオストク市内に4店舗ある。ここはフィラルモニア音楽ホールに近いスヴェトランスカヤ通り店　中／バリスタの彼女は、地元出身のマリアさん　右下／この店が扱うお茶の種類も豊富で、中国の龍井茶や日本の宇治茶も販売　左下／紅茶に直接ジャムやシロップを入れるのではなく、スプーンに乗せて少しずつ口に含みながら飲むのがロシア式ティータイム

カフェマ　Кафема

本店は極東ロシアのもうひとつの主要都市ハバロフスクにあり、ローカルチェーンとして各地に展開中。コーヒー豆以外にも、サイフォンやコーヒーミル、焙煎機などのコーヒーグッズをネット販売している。地元のコーヒー愛好家を対象にコーヒーのテイスティングや楽しみ方をレクチャーするワークショップを随時開催している。店では手づくりクッキーやケーキ、マカロンなどスイーツ類もいろいろある。散策の合間に立ち寄るといい。http://kafema.ru

地元バレエダンサーもお忍びで通う
港町の個性派バーでワインとオリジナルカクテルを味わおう

ウラジオストクは港町のせいか、バーやクラブの数が多い。ロシアでは夜10時以降は外でアルコールが買えないが、バーに行けば日付が変わってもゆっくり飲めるので、その頃からバーは混みだしてくる。夜の町歩きも安全そのものだ。

バーが集中しているのは、夏に海水浴客でにぎわうスポーツ湾に近いパグラニーチナヤ通り。またグム百貨店の周辺や噴水通りの路地裏など、いくつかのエリアに点在している。平日の場合、夜の町は比較的静かに思えるが、バーに入ると、雰囲気が変わる。基本バーではたいていの種類のお酒を飲ませてくれるが、ワインやビール、カクテルなど、店によってそれぞれ推す酒の趣向が違っている場合もあるので、そこがワインバーなのか、ビールバーなのか、間違わないで選ぶといいだろう。

この町のバレエ劇団、マリインスキーのダンサーたちもお忍びで通うというカクテルバーが「ムーンシャイン」だ。店内はモダンなレンガ造りのロフト風の内装で雰囲気はいい。ロシアの酒といえばウォッカが定番と思われがちだが、バーテンの背中の棚にはワインやラム、ウイスキー、シェリーなどさまざまなボトルが並ぶ。この店ではカクテルが人気で、なかでも「ペニシリン」は、ウイスキーベースにタイガの森でとれたハチミツとレモンを加えたウラジオストク名物だそうである。

料理のメニューは、中央アジア産のナッツやオリーブ、イタリア風おつまみのブルスケッタ、フィッシュ・アンド・チップスなどで、しっかりボリュームもある。地元ロシア産の食材を使った地産地消の店でもある。店内ではあえてBGMを流さないため、耳に届くのはおしゃべりの声だけ。何時間いてもゆっくりくつろげる。

バレエやオペラを鑑賞したあとに、静かな夜を過ごしたい人向けの店もある。現存するこの町最古の建築、グム百貨店の裏路地「グム裏」の人気ワインバー「ニビーニー・ラーダスチ」だ。

2017年にオープンしたこのバーは、ワインショップも兼ねていて、先に好みのワインを選んで購入し、店内で料理と一緒に楽しむことができる。いまでは世界中のワインが飲める時代だが、ロシアで飲むワインといえば、ジョージア産がポピュラーだった。ロシア料理にはないスパイシーな風味がジョージア料理の特徴で、セミスイートなジョージアワインとよく合う。

他にもコーカサス地方のモルドバ産やウズベキスタンなどの中央アジア産ワインもある。最近では、ちょっと微妙なところだが、クリミア産と称したロシアワインも増えている。これらを飲み比べるという体験はそうできるものではない。

料理のメニューはいろいろあるが、その日のおすすめオードブルを注文するといい。ワインによく合うメニューがアレンジされていて、何人かで囲んでも十分の量だから、ワインも1本では足りないかもしれない。

ムーンシャイン　Moon shine

この店ではドリンク別にそれぞれ専用のグラスが用意されている。英語メニューもある。食事のメニューは日替わりなので、毎日通っても楽しめる。

http://vl.papaguide.ru/moonshine

ニビーニー・ラーダスチ　Невинные Радости

英語と日本語のメニューがある。店長は英語で対応してくれるので困らない。じっくりワインを選ぼう。ワインテイスティングのイベントも随時行っている。

https://iwinebar.ru

右上／ロシアのバーではフルーティーなカクテルが多い　右下／窓越しに店内が見えるので、混み具合がすぐわかる。週末は予約なしでは入れないことも。ある日本人男性は、ひとりでこのバーを訪ねたとき、「店内に美男美女が大勢いたので、ひるんで入れなかった」と語ってくれたが、そんなに敷居の高い店ではないので安心してほしい　左／カウンターとテーブル席があり、奥に個室のようなスペースもある

右／ニビーニー・ラーダスチの生ハムと干し肉などのオードブルをジョージア産の赤ワインと一緒に。食事のメニューはロシア料理だけでなく、極東ロシアの素材を使ったフレンチやイタリアンも提供　左上／店に入ると、ワインショップのようにボトルがぎっしり並んでいる。ここで銘柄を選んでから店に持ち込んで飲もう　左下／ジョージアワインは安価なものから高級なものまで種類が豊富。ポリフェノールが他のワインより多く含まれているという

COLUMN 2

部屋飲みワインとつまみを調達する

ウラジオストクに来たら、バーで過ごすのもいいけれど、旅の仲間と一緒にホテルでの部屋飲みをしない手はない。

アルコールの調達先は、近所のスーパーやリカーショップでいい。ロシアでは、外国人がアルコールを購入するのに特別な手続きは必要ない。ただし、午後10時以降販売不可なので注意。地元ロシアのビールは種類も多いし、日本のアサヒビールはたいてい売られている。ワインは世界中の輸入ものが並んでいるが、ここはジョージアワインを選びたい。スーパーなら1本400ルーブル（約700円）くらいから買える。ウォッカも、ロシアにいるときくらい試してみてもいい。酒代は日本に比べ安いので、つい買いすぎてしまうかもしれない。

つまみの調達はスーパーでもいいけれど、どうせなら昼間に市場の散策がてら、買い込んでくるのはどうだろう。市場で、この際サーモンの薫製やイクラ、カニ足まで買うと、ずいぶん豪勢な夜会になる。

スーパーのワインコーナーに行くと、世界各国のワインが購入できる

魚や肉の薫製の種類が豊富。ここは酒飲みの国だと実感する

秘密の北朝鮮レストラン

市内中心部にある高麗の店内は新しく、ごく普通のレストランの印象

チゲやビビンバ以外に、南北首脳会談で話題になった平壌冷麺が食べられる

ウラジオストクのあるロシア沿海地方は、北朝鮮と国境を接している。そのせいか町には北朝鮮の労働者が多くいるし、市内の大学にはけっこうな数の留学生もいる。北朝鮮領事館もあるので、町中で彼らの姿を見かけることもある。

そして、彼らが中国とアジア各地に出店させている北朝鮮料理のレストランも、市内だけで3軒ある（実は空港のあるアルチョムなど、行きにくい場所にもっとある）。

2017年4月市庁舎の裏に開業した北朝鮮系高級レストラン「高麗」を訪ねると、広い店内には彼の国から派遣された若い女性スタッフが働いていた。ここで提供される料理は、韓国料理とは味つけが少し違い、キムチなどはさっぱりしていて、韓国料理より口に合うという人もいるかもしれない。

客の目当ては、夜の営業時に始まる北朝鮮の女性たちの演奏と歌謡ショーだ。先ほどまで給仕をしていた同じ彼女たちがギターやドラムなどを自ら演奏し、歌いだす。伝統衣装チマチョゴリに着替えてステージに現れると、店内は盛り上がる。

残りの2軒も基本趣向は同じだが、日本国総領事館に近い「平壌」での歌謡ショーは不定期と聞く。経済大学キャンパスに近い「金剛山」は同国の客が多く、独特の雰囲気で知られる。

Chapter 3

手づくり雑貨×海鮮食材・スイーツ

ロシアみやげを手に入れる

ウラジオストクには、マトリョーシカに代表されるように、国内各地で生産される伝統工芸品やフォークロア色豊かな刺繍、ぬくもりを感じさせるフェルトやニット製品など、愛すべきみやげがある。一方、軍港ならではのミリタリーグッズやソ連時代のアンティークなどの変わり種も見つかるだろう。手頃に買い求められるのは、イクラやサーモンの薫製、缶詰などの海産物の嗜好品や、ハチミツ、チョコレートなどの食材だ。これらは市場やスーパーに行けば、選び放題だ。

名も知れぬ作家の一点ものが面白い

伝統ものから新感覚派まで お気に入りの工芸品を探す

　ロシアみやげといえば、マトリョーシカや人気アニメキャラのチェブラーシカ人形などの定番から、樹液が長い年月をかけて凝結してオレンジ色に輝く琥珀《こはく》のアクセサリーや、ラッカー塗り細密画の技法を駆使した伝統工芸品のシュカトゥールカのような値の張るものまで本当にいろいろある。でも、それらを極東ロシアに来て買わなければならない理由は必ずしもないだろう。

　この国で世界の産出量の80％を占めるという琥珀は、シベリア方面でも産出するが、買うのであればデザインのクオリティーやブランドが気になる。この種のものはモスクワやサンクトペテルブルクか、伝統工芸品の産地に直接行って購入するのが正解だろう。

　では、ウラジオストクでは何を買って帰ればいいのだろう。

　ロシアでは、モスクワから200㎞ほど離れた村で17世紀に生まれた、赤金黒の3色が基本となるホフラマ塗りのように、各地に伝統工芸品の産地が点在する。どの町でもハンドメイドの雑貨づくりは盛んだ。ウラジオストクでも、毎年5月にはハンドメイドフェスタが開かれている。「グム裏」を舞台に、地元の手づくりアーティストが参加する販売イベントで、アクセサリーから陶器、手芸作品まで、多数が出品される。各地にプロのタマゴのような人材がいて、オリジナルの作品を次々生み出している。

　これらの作品は、市内のおみやげ店や雑貨店になにげなく置かれている。無名だから、高いわけでもない。こうした名の知れない〝一点もの〟のハンドメイドの中から自分の好みに合う一品を探してみるというのも面白いのではないだろうか。

　もちろん、「ルスカヤ・ゴールニッツァ」のような市内にある王道みやげ物屋に行け

戦車のシューズブラシや表紙にクジラを描いた粘土細工の置物など、平和とエコを訴えているのだろうか?

地元の手づくり作品で、陶器でできたクリスマスツリー。オルゴールになっている。ロシアはこの種の工芸品の宝庫といえる

ルスカヤ・ゴールニッツァ　Русская Горница
オケアン大通りに面したみやげ物屋。マトリョーシカ以外の工芸品やニット小物やテーブルクロスなどの手芸品なども豊富に揃う。

ビューロナホーダク　бюро находок
ソ連時代を意識したレトロなパロディー雑貨など、ユーモア仕立ての遊び心にあふれる店。ハバロフスクにもあるチェーン店。
http://buro-nahodok.ru

ば、マトリョーシカはたくさん置かれているだろう。どうしても気になる一品があれば、迷うことなく買えばいい。

少し目先の変わったものといえば、グム裏にある新感覚の雑貨店「ビューロナホーダク」がある。日本人にはまだなじみの薄いロシア語のキリル文字を使ったファンシーグッズやユーモア雑貨を扱っている。どこまで外国人の目を意識した意匠なのかは定かではない。むしろソ連時代のプロパガンダ標語をパロディーにした文言を採り入れたり、戦車や銃などの軍事アイテムをパロディーグッズにしたりするものも多く、ロシア人同士が内輪で面白がっているようだ。それでも、日本人からみると、キリル文字にちょっとした異国情緒を感じるぶん、面白いかもしれない。

パロディーではなく、キリル文字そのものの世界であるロシアの絵本も、みやげになるかもしれない。自分が子供の頃からずっと好きだった絵本（たとえば、『星の王子さま』『エルマーのぼうけん』など）のロシア語版があれば、つい手に取りたくならないだろうか。ロシアの絵本は装丁も立派なので価値がある。

マトリョーシカは産地や工房によって絵柄が異なる。値段は2000ルーブル（約3400円）くらいから

チェブラーシカはロシアの人形アニメ『ワニのゲーナ』に登場するキャラクター

中央アジア風のカラフルな絵皿は配り用みやげに使えるかも

ドストエフスキー作『白痴』の表紙（左）、ソ連映画のセリフ「ロシア人旅行者は道徳的」が書かれたパロディーグッズ

ロシアの絵本には、クマに代表されるかわいい動物の話が多く、集めると楽しい

北国のニット靴下ならどんな寒さも怖くない

手芸の国ロシアで選ぶ
花柄スカーフやキッチン小物

布製品などの手芸品もロシアみやげらしい。国土が広大で、多民族国家でもあるロシアでは布製品の世界は実に豊か。素材もデザインもいろいろで、選び放題。自分のお気に入りを探すのは楽しいだろう。

なかでも艶《あで》やかな色彩にあふれる花柄のショールであるプラトークは、ロシア人女性が教会に行くときの必需品。頭にかぶったり肩にかけたりして使う。19世紀以降、機械織りによる大量生産が可能になって一般市民も気軽に身につけるようになったという。素材は、冬にはウール地、夏にはシルクと季節で使い分けている。祝祭用の豪華なプラトークもあり、婚礼のときの結納品にもなる。

オケアン大通りのショッピングセンターの中にある「ピー・ピー・エム」では、派手な花柄のプラトークやロシアの伝統的なスカーフ、ハンカチーフなどの布製品を販売している。ここはモスクワの創業200年の老舗布メーカーの工場の直営店なので品質は保証付きだ。鮮やかな赤や緑のプラトークなどは日本ではなかなか着ける機会がないかもしれないが、白地や黒地に花柄という渋めのものもある。せっかくロシアに来たのだから、ひとつは買っておいてもいいだろう。

ロシアの刺繍は、動植物をモチーフにほのぼのと描いた世界観を伝えるステッチが愛らしく、フォークロア感たっぷりだ。レース地のものも多い。民族衣装にもよく使われるが、ナプキンやテーブルクロスなど、日用品にも採り入れられているので、見ているとほしくなる。軽くてかさばらず、手のぬくもりが感じられる小物がおすすめだ。

この種の民芸品は流行というより、一人ひとりの趣味の世界であり、自分のフィーリングに合うかどうかが大事。自分好みを

花柄のニットの手袋。ロシア製だから日本の寒さなんて相手にならない?

厚手の犬柄ニットソックス。底冷えの日にはありがたい

ホフロマ塗りをプリントしたエプロンや鍋敷き、鍋つかみなどのキッチンセット。1650ルーブル（約2800円）

鳥と花をモチーフにした伝統柄のリネンのテーブルランナー。ロシアらしい一品

見つけたときはたまらないだろう。

　わりと一般受けする手芸品としては、フェルトやニット製品だろうか。編み込み模様のかわいいニット靴下や手袋などは寒冷な気候のロシアらしい楽しさがあり、値段が手頃。これらはみやげ物屋でも売っているが、市場にもよく売っていて、とても安い。ただし、市場で買った靴下を日本に帰ってはいてみると、生地が硬くてはきにくかったり、思ったよりサイズが小さかったりすることもある。安さとかわいさだけで選ぶとそうなりがちだが、失敗しても困るほどの値段ではない。サイズの合う誰かにみやげとしてあげてもいい。

　ウラジオストク市内には手芸教室がいくつかあり、女性たちが集まって趣味の手仕事を楽しんでいる光景を見かける。この国の女性たちの手によって生み出された手芸の世界をもっと知りたければ、「フォルムラ・ルカデェリヤ」という絵本屋に行ってみるといいかもしれない。

　この店は絵本好きの現役の小学校の校長先生が始めた絵本の店だが、手芸の先生を呼んで店内で教室をやっている。現地情報サイトの「ウラジオ.com」で紹介されている。

ピー・ピー・エムの店頭に置かれた黒字に赤いバラが咲き乱れるプラトークは渋くて美しい。色や柄の種類は豊富なので、選びがいがある

鳥やチョウ、花柄などのキュートなニットシューズは大人用と子供用がある。ルームシューズ代わりに使えそう

ピー・ピー・エム　Павловлвлпосадская платочная мануфактура
ロシア製スカーフの専門店。柄の種類も豊富で見ているだけでも楽しい店。１枚1200ルーブル（約2000円）くらいからある。http://platki.ru

フォルムラ・ルカデェリヤ　Формула Рукоделия
ロシア語の絵本やおもちゃがいっぱいの店。アルセーニエフ記念沿海地方博物館からも近い。手芸教室は不定期で開催。

港町で軍港だけに珍品名品が見つかる
"ソ連趣味"の人でなくても楽しめる
ミリタリー&レトロな品を探そう

港町であり軍港でもあるウラジオストクでは、港に近い通りや駅のそばでよく若い軍人や水兵の姿を見かける。ときには隊列を組んで行進していることもある。それでも、彼らを見ていて威圧感どころか、近所のお兄さんたちの集団という雰囲気もある。軍人の存在は町に溶け込んでいるとでもいえばいいのだろうか。

ロシアには彼ら軍人たちが日用品を買い求める専門の店がある。確かに、彼らしか必要としない装備やグッズもあるから存在しているのだろうが、迷彩柄のジャケットやパンツなどは、つい買いたくなるものが多いせいか、一般の人たちも普通に利用しているようだ。

そんなカジュアルなミリタリー系ショップの名は「フロツキー・ウニベルマーク」。市内に数店舗ある。そこでは軍服や各種制服、コート、水兵の帽子、バッグ、徽章、日用品など、ロシア軍のさまざまなミリタリーグッズが購入できる。実際に訪ねてみると、地元の水兵や海軍学校の生徒たちも多い。それでも、一般客向けのみやげ用としか思えないアーミー柄のジャケットや水兵のイラスト入りTシャツ、紺と白のストライプのセーラーシャツ、ロシア軍のバッジやワッペンなど、珍しいものが売られている。ミリタリーマニアでなくても、楽しめそうな店だ。

ウラジオストクのユニークな歴史に関心のある人に、ぜひ訪ねてほしいのが、アンティークショップ「ラリテット」。この町を描いた古い絵画や写真、帝政ロシア時代に使われたお札やコイン、銀器、陶器など、状態のよい品が集められている。レーニンの肖像入りのじゅうたんなど、見ごたえのある品もある。展示も美しく、博物館の中にいるような雰囲気で、スタッフの対応も

ソ連初代リーダー、ウラジーミル・レーニンのピンバッジ100ルーブル（約170円）

ロシア軍のミールキットには、缶詰入りのおかゆや肉、スープ、クラッカー、紅茶が詰め込まれている

1961年世界初の宇宙飛行士でロシアの英雄、ユーリイ・ガガーリンの記念コイン

ロシア軍主催で各国軍人が参加する国際陸軍競技大会「アーミーゲーム」のピンバッジ150ルーブル（約250円）

フロツキー・ウニベルマーク　Флотский Универмаг
アルセーニエフ記念沿海地方博物館の並びや、ニコライ2世凱旋門の近くにもある。ロシア軍兵士のポスターや赤字に白い星のマークが目印だ。
https://armrus.ru

ラリテット　Raritet　入り口の扉は普段は施錠されているが、ブザーを押して開けてもらおう。http://raritetdvr.ru

ルナイグロシ　Луна и грош　この店にはネコが飼われていて、平気な顔をして商品の上で寝そべっている。誰も咎める者はいない。

親切だ。100年前の港の様子や通りを撮った古い写真や絵葉書は、見ているだけでも十分面白い。

世の中には〝ソ連趣味〟という、いまはなきソ連時代のポスターや映像、音楽などを愛好する人たちがいる。この時代のものは冷戦時代、西側の社会で暮らした日本人の目に新鮮に映るのは確かで、趣味のありなしにかかわらず、つい手に取ってみたくなるものが多い。

そういうレトロ感あふれるグッズの数々、たとえば、レーニンやガガーリンなどソ連の著名人のピンバッジやメダル、ウラジオストクに関する本や古写真、絵葉書など、意外な品を扱っている店が「ルナイグロシ」。一見ガラクタに見えなくもない品も多いが、バッジに描かれる人物が誰かとか、その時代のことがわかると、面白くなる。

どこの国もそうかもしれないが、ロシアの切手は国柄や時代を映すだけでなく、見た目もきれいで面白いものが多い。これら切手やハガキを製造している印刷会社の直販店もある。場所は国際客船ターミナルの2階で、ここに行っても相当時間をつぶせそうだ。

右上／フロツキー・ウニベルマークは、ロシア軍Армия Россииの公認ショップの全国チェーン
左上／勇ましい海兵隊兵士のプリント柄ほか、ロシア軍の強さをアピールするTシャツの数々
下／ラリテットには、レーニンに限らず、ソ連の歴代リーダーを描いたじゅうたん、像なども多数

酒のつまみにはこと欠かないうれしいお国柄

海鮮系の嗜好品とウォッカは酒飲みでなくても買って帰りたい

ウラジオストクの市場やスーパーに行くと、イクラやキャビア、サーモンの薫製、カニとその足など、日本では嗜好《しこう》品の部類に入る海の幸が手頃な値段で売られている。チョウザメの卵の塩漬けであるキャビアは、多くの国では魚卵の総称で、ロシアでも「イクラ」と呼んでいるほどだから、実際に市場で売られている「キャビア」はチョウザメの卵ではないことも多い。もしそうなら相当高値が付いている。

この種のつまみをホテルの部屋飲み用に調達したら、せっかくだから日本に持って帰りたいと思うこともあるだろう。缶詰なら問題ないが、キャビアは持ち込み制限があり、冷凍保存されていないと難しい。

多くの日本の観光客はウラジオストク国際空港にある「ルィーブニー オーストラバク」という海鮮食材店で、ボイルしたカニやエビ、イクラなどを出国前にパックしてもらって帰るのが一般的になっている。フライト時間が短いので、空港で保冷包装してもらえばなんとかなるというわけだ。

市場に行けば、中央アジア系の商人が扱うドライフルーツやナッツ類も種類は豊富。カシューナッツやアーモンド、ピスタチオなどのおなじみのナッツであれば、意外に喜ばれるみやげになりそうだ。これらは日本に比べると、かなり安い。

そして、ロシアの代表的なアルコールのウォッカ。寒冷な国々で親しまれる蒸留酒で、原材料はライ麦や大麦、ジャガイモなどの穀類。ほぼ無味無臭で無色の酒とされるが、度数が40度以上と強いため、日本ではカクテルなどのスピリッツとして飲まれることが多い。

ところが、ロシアに行くと、なぜかおいしく、しかもストレートで飲めてしまうのだから不思議というほかない。

右から、マトリョーシカのウォッカ。スタンダード、クランベリー、ハチミツの３種の風味あり。シベリアのハスキー犬の名をしたウォッカ。ボトルに刻印された足跡マークが目印。「白樺」の名を冠するウォッカ。柔らかい口当たり。ハバロフスクに工場のある有名ビールブランドの「バルチカ（バルト海）」。ウスリースク産の薬用酒「ウスリースキー・バリザム」（P84参照）。左の2本はともにジョージアワインでセミスイートな味わい。

ロシア人と一緒にウォッカを飲むとき、彼らは瓶ごと冷凍庫で2〜3日ギンギンに冷やしてからショットグラスに注ぐ。アルコール度数が高いため、水のように凍ることもシャーベット状になることもない。好みでレモンやライムの薄切り、ときには粗塩をなめつつ一気に口に含むと、トロリとした口どけが甘くさわやかだ。冬はボトルを雪の中に埋めて冷やすという。

とはいえ、彼らにならって調子よくショットグラスを何杯も飲み干していては、こちらの体がもたない。海外に行くと、その土地の酒がおいしく飲めるのは、つまみのおかげなのだ。そして、その味が忘れられなくて、つい帰国前に1本買って帰ろうかと思うかもしれない。

市内のリカーショップや「マガジン」と呼ばれる食材店に行くと、数多くの銘柄のウォッカのボトルが並んでいる。好みがあるので、どれがおすすめとはいえないが、「ベリョーザ」はどうだろう。これは白樺の意味。18世紀後半、白樺の活性炭でウォッカを濾過《ろか》する製法が開発され、ロシアのウォッカが誕生した。白樺という名はウォッカの誕生にかかわっているのである。

オードブルに欠かせない魚卵の種類はたくさんあるので「キャビア」の種類も豊富。これは本物のチョウザメで1缶約1万8000円

市場の冷蔵ケースの中に並ぶサケの卵であるイクラ。品質によって値段が違う。このまま持ち帰るのは難しい

サーモンの薫製は手頃なみやげになりそうだが、かなり塩味が強いので、そのまま食べずに、調理して食べる方がよさそう

ルィーブニー オーストラバク　Рывный островок

ウラジオストク国際空港の1階ロビーにある海鮮食材店の空港店。毛ガニやカニ足、ナマコ、エビ、イクラなどがきちんとビニールでパックされて冷蔵ケースに並んで販売されている。確かに市場で買うより少し高いけれど、きれいに保冷パッキングしてくれるので、結局、ここで買うのがいちばん無難のよう。空港ロビーには、この店以外にもハチミツやチョコレートなど、みやげを売る店が続々増えていて、便利になった。

チョコにハチミツ、ロシアは甘い物だらけ

市場で下見し、スーパーで買う これがロシア菓子の賢い購入法

ロシアのお菓子は、市場系とスーパー系に分けられる。市場にあるのは、ロシア菓子というより、中央アジア生まれのものも多くて、総じてとても甘い。

市場では、菓子類はお惣菜のように、量り売りされている。お母さんが子どもたちのためにまとめ買いするのだろう。

お菓子の種類はいろいろだが、地元の若いロシア人に教えてもらった人気菓子を挙げると、たとえば、練乳入りのくるみ型クッキーのオレーシキや、ハチミツをクッキー生地に練り込み、クリームを挟んで重ねた、ロシアの定番スイーツのナポレオンに似ているが別物というメドヴィク。原料は小麦粉と砂糖、ハチミツだけの素朴な味で、紅茶を飲みながら味わうとおいしいプリャーニクなど。

ここまではロシア菓子といっていいが、小麦の生地をたっぷりハチミツに浸したバメーや、中にナツメやイチジクなどを入れ、袋につめて揚げたムタキ、菱形で何層にもなっているパイでアーモンドがトッピングされたパフラヴァ、クルミやブドウ果汁、ハチミツで煮込んだ棒状のチュルチヘラ、見た目は灰色だが、スプーンを入れるとほろほろと崩れる素朴な甘さのあるハルヴァあたりになると、アゼルバイジャン生まれだったり、ジョージア生まれだったり、よくわからない出自のものも多い。

これら市場系はパッケージされていないので、みやげには向かないが、素朴さに魅《ひ》かれて、ビニールに包んでカバンの中にしのばせて持ち帰りたくなる。

スーパーでは、これらと同じお菓子がメーカーによってパッケージされて販売しているので買い求めやすい。市場で下見、スーパーで買い物という手順がいいだろう。

ロシアみやげのもうひとつの定番である

市場ではキャンディーやチョコなどの量り売りをやっていて、1kgあたりの値段が表示されている。種類が多すぎて選べない

プリモールスキーカンヂーチェルの直営店では、ナッツやクルミ、プルーン、レーズン、ベリーなどのチョコがバラ売りされている

プリモールスキーカンヂーチェル　ПРИМОРСКИЙ КОНДИТЕР

2017年11月に噴水通りに直営店を出店。工場はパクロフスキー教会の近くにある。極東ロシアの一部では砂糖の原料となるテンサイがとれることから、チョコレート工場が各地にある。ウラジオストクの老舗工場がここ。ただし、この工場のチョコには、ウニ味やホタテ味など、ちょっと微妙な風味の製品もあるので、中にどんなクリームが入っているか試食してから購入した方がいいかも。http://primkon.ru

ハチミツも、この手順は同様だ。市場では、菩提樹《ぼだいじゅ》やソバなど、花の種類ごとに分けてハチミツが売られているが、スーパーではきちんとパッケージされ、製品化されているので、持ち帰りやすい。もちろん、市場の品の方が新鮮という考え方もあるので、好き好きではある。

　ロシアのスーパーはチョコレートの棚がやたらと広い気がする。赤ちゃん柄のパッケージのアリョンカが有名だが、ウラジオストクには１９０６年創業という老舗の製菓メーカーがあり、噴水通りに直販店がある。その名をプリモールスキーカンヂーチェルという地元産のチョコレートの特徴は、コーティングされたチョコの中に意外な風味のクリームがいろいろ入っていること。ロシア国内で広く知られている「鳥のミルク」シリーズには、バニラやレモン、ラム&アーモンドのクリームが入っている。口に合うかどうかは、その人次第だが、ハチドリのパッケージは高級品そうで、みやげ向きかもしれない。

　直営店では、チョコのバラ売りもしており、高級品から子供用まで種類も多く、箱詰めしてくれる。

中近東からコーカサス、中央アジアなどに広く存在するゴマとヒマワリの種、ハチミツでつくられたハルヴァはロシア人が大好き

ロシアのハチミツは、花の種類によって風味が違うので、どの花のミツか確認してから購入したい

個包装のチョコやキャンディーをまとめ買い。意外な味に驚いたり、なごんだり。市場のお菓子探しは楽しい

ハチドリのパッケージで知られるプリモールスキーカンヂーチェルのチョコ「鳥のミルク」はウラジオストク名物のスイーツだ

ロシアを代表するチョコレート「アリョンカ」はやミルクやナッツ入りやウェハースなど種類も豊富。たいていどこのスーパーでも買える

市場の菓子売り場で見かけたマトリョーシカ型のチョコ。中にはミルクやヌガーが入っている

COLUMN 3

旅で触れた思い出の味を持ち帰る
帰国前にスーパーとドラッグストアに直行

スーパーはその国の生活文化のショーケースであり、旅で触れた思い出の味を日本に持ち帰るのに役立つみやげの宝庫である。ロシアのスーパーで目につくスナック菓子といえば、ポテトチップスだろう。日本とフレイバーが少し違い、カニやイカ風味もあるほど。一袋の値段が日本より少し安いぶん、何個も買ってしまいたくなる。海外に行くと、ついその国のカップ麺を試してみたくなる。たいてい麺は日本に比べるといただけないが、思いがけないスープの味が楽しめることもある。ボルシチ味のコンソメスープのもとやジョージア料理の定番スパイスであるフメリ・スネリなどの調味料も、スーパーに行けば買い求められる。これらの調味料を帰国して料理に使ってみるのもうれしい体験だ。

もうひとつのみやげスポットといえるのが、ドラッグストアだろう。寒冷な国だけに、ロシアではスキンケア製品の種類が豊富なうえ、手頃な値段で売られているので、みやげとして試し買いしてみるのもいいだろう。ドラッグストアには、欧米や日本、韓国などのコスメや各種ケア製品が多数置かれているが、ロシアの有名メーカーとしては、オーガニックコスメのナチュラシベリカが知られている。シベリアの野生植物のエッセンスを素材とした本格的ブランドだ。国内品はたいていジャンル別に分けて置かれているが、フェイスケア商品からボディー用オイル、ヘアケア商品など幅広く展開しており、ハンドクリームや足用クリームまで選べる。メンズ用やベビーケアシリーズまで250を超えるアイテムが揃う。ナチュラシベリカより少し大衆的なロシアのコスメブランドに「アガフィアおばあちゃんのレシピ」がある。ロシア人のおばあちゃんのパッケージが目印だ。このブランドは、ヘアケアやスキンケア用化粧品だけでなく、ハウスキーピング用品なども製造している。もちろん、オーガニック製品で、シャンプーやローション、石けんなどもあり、ナチュラシベリカよりかなり安いので、配り用みやげにいいかもしれない。

ロシア製かと思いきや、韓国製のカップラーメン。ただし味はロシア風

クノールのスープのもと。ボルシチ以外のロシアスープやキノコのスープなどあり

イカの風味のポテトチップス。味は……よくわからなかった

ナチュラシベリカのシャンプーとコンディショナー。ハーブ成分と調和し、肌や髪に栄養と潤いを与える

ロシアの人気コスメブランド「アガフィアおばあちゃんのレシピ」のハンドクリームは、左からそれぞれバラ、カボチャ、亜麻の成分入り

ナチュラシベリカのコケモモの香りのするオーガニック歯磨き粉

Chapter 4

島・ビーチ×シベリア横断鉄道

市内から気ままに小旅行

ウラジオストクは町がコンパクトにまとまっているので、観光は1日か2日で十分かもしれない。では、残った日程をどう過ごすか。郊外に足を延ばそう。近場では、バスで灯台やルースキー島へ。電車に乗って海水浴場に行くのもいい。近郊の町ウスリースクまで日帰りで行くのも面白い。そして、シベリア横断鉄道でアムール川のほとりにあるハバロフスクまで夜行寝台の旅に出るのも楽しい。そこではロシア料理のディナーやお酒が楽しめる食堂車が待っている。

24

干潮時しかそばまで行けないので注意
路線バスで行けるので人気
トカレフスキー灯台の白亜の魅力

ウラジオストクは1日か2日あれば、十分市内観光できてしまうほどコンパクトにまとまっている。もし日程が空いたら、郊外に足を運んでみてはどうだろう。

まず近場の3時間コースから。ウラジオストク駅から路線バス59番で行けるのが、トカレフスキー灯台だ。ここからはムラヴィヨフ・アムールスキー半島とルースキー島をつなぐルースキー大橋を一望でき、金角湾に入港する大型客船やフェリー、貨物船などを間近で見ることができる。

この灯台は訪れる季節によって表情が変わる。夏の灯台周辺は、地元の若者たちの海水浴やBBQパーティーの穴場として知られている。岬の先から灯台へは砂州でつながっているが、約750m離れている。砂州の外側がちょうどいい波打ち際になっているのだ。狭い砂州に立っていると、海の上にいるような気分になる。ただし、この砂州は満潮時になると沈んでしまうので注意。灯台まで歩いて行きたければ、事前にホテルでその日の干潮時間を確認しておく必要があるだろう。時間によっては、サンダルを用意した方がいいかもしれない。

冬の灯台も悪くない。寒風にさらされることになるけれど、空気が澄んで周辺の海の美しさは格別だ。内海側をよく見ると、アザラシが海の中から顔を出して泳いでいることもある。1月を過ぎると、周辺の海域は凍りだす。氷に閉ざされた灯台の景観も見ごたえがある。だが、さすがに寒い。頭や顔は厚いニット帽やネックウォーマーなどで覆い、防寒対策は万全にしておこう。

灯台は船が安全に航行するための道しるべだ。18世紀以降、冬でも凍らない港湾を求めたロシア海軍が、1860年の北京条約で沿海地方を領有するに至り、1871年にはウラジオストクを拠点とした。こうして金角湾の整備が急ピッチで始まった。ウラジオストクの内海である金角湾は、確かに水深のある良港ではあったが、入り口となるトカレフスキー岬とルースキー島の狭い海域は岩場も多く、航行に注意を要した。そこで、岬の先に延びる砂州の先端に1876年に建てられたのがトカレフスキー灯台だ。極東ロシアで最古の灯台である。

現在の白亜の灯台は1910年に再建された。八角形をした高さ12mのものだ。その可憐なシルエットが人気で、日本の観光客がわざわざ訪れるようになっている。

ウラジオストク周辺には、ほかにもふたつの灯台がある。ルースキー島の東の海域に浮かぶ小高い岩の島の上に建てられたのがスクリプリョヴァ灯台。いまではルースキー大橋が海峡に架かっているが、ウスリー湾側から金角湾に航行するときの道しるべだ。こちらも高さ12mの小ぶりの灯台だ。そこから半島側の岬に建てられたのがバサルギナ灯台で、最初に建てられたのは1937年。1958年に再建された現在の灯台の高さは8mで、陸地とは吊り橋でつながった小岩に建っている。これらの灯台にはクルーザーでしか行けない。

トカレフスキー灯台　**Токаревский маяк**

市内から路線バス59番に乗って終点下車。所要20分だが、バス停から岬まで徒歩で約20分離れており、灯台へはさらに750mある。バス停から岬へは坂道で、帰りは登り道になる。つまり、ここに来るには相当歩く覚悟が必要だ。タクシーをチャーターすれば、岬の手前で車を止めてくれるので、だいぶ楽かもしれない。岬の近くの高台には高級高層マンションが数棟建っている。部屋からの眺めは良さそうだ。

干潮時は砂州がしっかり顔を出しているので、砂利道を歩いて灯台まで行ける。日本人観光客の間で「かわいい灯台」と人気

路線バスに乗ってのんびり島旅もいい

ルースキー島の新アトラクション 沿海地方水族館と遊覧船

もし日程が1日余っていて、その日がとても天気が良ければ、町を飛び出して、島に行くのはどうだろう。ウラジオストクの南方には、自然豊かなルースキー島がある。この島に行くには、金角湾大橋を車で渡り、半島を南に下って、島との間に架けられたルースキー大橋を渡ることになる。

ルースキー島は、地元の人たちにとってある時期まで、近くて遠い島だった。軍事的な理由で一般市民の訪問は禁じられていたからだが、2012年のアジア太平洋協力会議（APEC）に合わせて島の環境は大きく変わった。これまで船で行くしかなかったが、APECの会場となった極東連邦大学のキャンパスが島に移設され、学生たちも大移動となって、ルースキー大橋も開催直前に開通した。

極東連邦大学は、1899年に設立された極東ロシア最大の総合大学で、現在4万人の学生がいる。キャンパスの海側が整備されていて、一般人にも開放された海浜公園になっている。

大学からさらに南に下ると、沿海地方水族館の入り口が見えてくる。ここは市内発の路線バス15番の終点でもある。市内を周遊しながら走るので、所要時間は約1時間。橋を眺め、途中下車してキャンパスを散策しながらの旅でいいのであれば、それも楽しい。でも、水族館に行くのが目的なら、タクシーで来た方がいいかも。

2016年にできた沿海地方水族館は、巨大なホタテの貝殻を被せたようなブルーの屋根が印象的だ。ここでは、アムール川やウスリー川などの極東ロシアの大河や、多種多様な水鳥の生息する貴重な湿地としてラムサール条約に採択されている沿海地方のハンカ湖、シベリアのバイカル湖、日本海などに生息する多様な水中生物を見ることができる。展示を見た後は、シロイルカやアザラシなどのショーもある。地元の親子も来場しているので、子供と一緒に行くと楽しめるだろう。

島まで足を延ばすのはちょっと、という人は、中央広場の南にあるクラースヌイ・ヴィムペル軍艦近くの発着場から出るウラジオストク港の遊覧船に乗るのも面白い。遊覧コースは、金角湾を南に下り、トカレフスキー岬の近くからルースキー大橋方面に向かい、橋をくぐってUターンする。このとき、かなたに極東連邦大学や水族館が見える。船は再び金角湾に帰ってくると、大きく右に曲がって金角湾の中に入り、金角湾大橋をくぐってUターンする。これで1時間コースだが、ルースキー島のさらに先まで行く2時間コースもある。

この遊覧船は、ウラジオストクの全貌を海から眺めることができることに価値がある。国際客船ターミナルに寄港している客船や各島に向かうフェリーなどが行き交う様子も見られる。航行する船の周囲には、カモメが群れをなして飛んでくる。誰かが餌をまいたせいかもしれない。のんびり遊覧気分を楽しめるだろう。

沿海地方水族館　Приморский акеанариум

極東ロシア周辺の水生動物を集めたこの水族館の最初の入場客は、ロシアのプーチン首相と日本の安倍総理、韓国の朴槿恵大統領だった。常設展を見るだけなら、入場料は大人1000ルーブル（約1700円、小人500ルーブル）だが、イルカのショーを見る場合、チケット売り場でその旨伝えて200ルーブル追加する必要あり。市内から路線バス15番で終点下車。そこから水族館行き無料シャトルバスに乗り換える。http://primocean.ru

上／遊覧船は夏季のみ運航で、秋以降は乗客がいる場合のみ運航となる　右中／この水族館で見られる水中動物としては、バイカル湖に生息するバイカルアザラシやロシアのアムール川流域及びオホーツク沿岸に生息し、長さ4mまで成長する大型の古代魚のダウリアチョウザメ（カルーガ）などが珍しい。イルカのショーもたっぷり時間を使い、充実している。4人以上のグループの場合、館内の展示や動物を解説しながら案内するツアーを実施（有料。ロシア語と英語のみ）。以前はスポーツ湾の近くにも小さな水族館はあったが、ルースキー島に大リニューアルして移転された。　右下・左下／水族館の周辺には、サメやカニ、イカ、クラゲなどの水生生物たちのシュールで奇妙なオブジェが置かれていて面白い

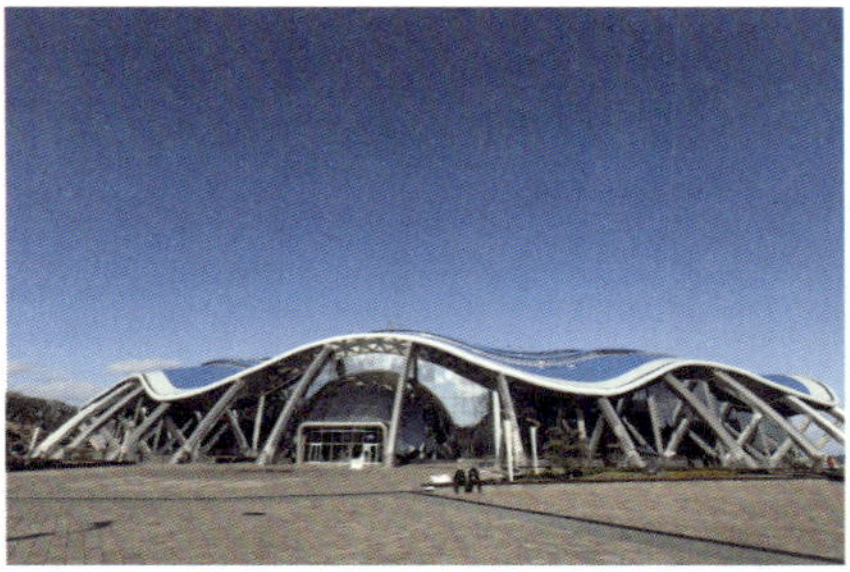

3時間で行ってこられるのでちょうどいい
近郊電車でのんびり行くビーチに面した小さな海浜公園

夏の天気のいい朝、ウラジオストク駅のはずれの3番目のホームから出る近郊電車（エレクトリーチカ）に乗ると、若い海水浴客たちに会う。彼らは身軽ないでたちで、水着だけ持って電車に乗り込んでくる。空港のある郊外の町アルチョム方面に向かう電車なのだが、海沿いに線路があるので、車窓からの眺めはすばらしい。入り江に数多くのヨットが停泊しているのも見える。

走りだして約30分、6つ目の駅の名前が「サナトールナヤ」。駅のすぐ前にビーチに面した小さな海浜公園がある。ここは家族連れの多いビーチで、小さな子供たちが水辺で遊んでいる。公園内にはカフェもあり、平和な海辺の光景をずっと眺めているだけでも癒やされる場所である。ここなら観光客も電車に乗って気軽に行ける。半日コースとして、いや電車の時間が合えば3時間コースでも十分だろう。

ビーチはほかにもある。市街地の南には、橋で結ばれたルースキー島と離島があり、若者たちは右ハンドルの日本車を運転して繰り出し、仲間と一緒にビーチBBQを楽しむ。ヨットやクルーザーを持っている人もいるので、無人島へと向かう人もいる。

ウラジオストクでは、ある時期まで市民が勝手に離島に行くことは軍事的な理由で禁じられていたが、いまでは島をつなぐ橋もあれば、離島行きのフェリーも出ており、人々は手つかずの自然を我がものとすることができるようになっている。

地元の若者のひとり、アレクセイくんは話す。「夏になると、どこのビーチも人でいっぱいになる。だけど、この町の人間は自分だけが知っている秘密のビーチがあって、そこに特別の誰かと行くんだ」。

ウラジオストク出身のロックバンド、ムミー・トローリ（P25）が、1998年にリリースしたアルバム「Правда О Мумиях И Троллях」のタイトルにも使われている「シャーモラ」は、ムラヴィヨフ・アムールスキー半島の東海岸にあり、地元の人たちでにぎわうビーチリゾートの名前である。1980年代後半、ソ連解体に向かうきわどい時期にデビューした彼らのバンド名は、フィンランドの画家であり作家であるトーベ・ヤンソンの作品「ムーミン」にちなんだもので、「ウラジオストク2000」（1997年）は知る人ぞ知る海外でのヒット曲だ。海外公演や来日も多く、最近では2017年11月に東京の渋谷でライブを行っている。

夏の青春の思い出を歌うビーチソングなのだが、のどからしぼり出すような渋すぎる歌声とこの国の楽曲に特有のメランコリックな旋律を聴いていると、これがロシア的な情熱のほとばしりなのかと思う。

この曲をBGMにして、市内から40分ほど車を走らせると、このビーチに着く。ここでは1日ゆっくり過ごしたい。シャーモラビーチの少し南に、砂浜の上に色とりどりのガラス片が打ち寄せられた通称「グラスビーチ」がある。

サナトールナヤ海浜公園　Санаторная парк

サナトールナヤ海浜公園は半島の西側にあり、アムール湾に面した穏やかなビーチ。駅のすぐ前がビーチだ。車窓から海が見える。

シャーモラビーチ　Шамора

ビーチ沿いにはコテージやクラブハウスもある。ムミー・トローリの歌の舞台になっているように、ウラジオストクのビーチといえばここがいちばん有名だ。

サナトールナヤ海浜公園で短い夏を満喫するウラジオストクの人たちと一緒に時間を過ごしていると、幸せな気分になれる

近郊電車のチケットは、たいてい乗車して車掌から買う。湘南の海に向かう昔の東海道線に乗っているような気分

海浜公園内の木陰の卓球台でピンポンを打ち合う若い母親と小さな娘。ビーチのそばには肌を焼く人たちが横になっている

波に削られて丸くなった無数のガラス片が打ち寄せるグラスビーチ（写真提供／今野健介 https://ez-trip7.com）

シャーモラビーチは遠浅で波も穏やか。ビーチパラソルが並ぶ家族向けの海水浴場（写真提供／今野健介 https://ez-trip7.com）

ローカル電車で知らない町に行きたい

歴史や文化もたっぷり体験できるウスリースクへの日帰り旅行

時間は1日たっぷりある。そこで、ローカル電車に乗って知らない地方の田舎町まで行ってみたいという人におすすめなのが、ウスリースクへの日帰り旅行。

近郊電車で約2時間半、ウラジオストクから北へ100㎞離れたウスリースクは人口約17万人の町で、沿海地方第2の都市だ。電車は1日4〜5本しかないので、午前中にウラジオストクを出て、夕方戻ってくるのがちょうどいいだろう。

ウスリースク駅に到着したら、2㎞ほど離れた旧市街に路線バスかタクシーで向かおう。旧市街は、20世紀初頭に造られた古いロシアの建築が並ぶ。レストランやカフェなどはここに集中している。旧市街のはずれに、ウスリースク市郷土歴史博物館がある。ここには、19世紀にこの地に入植してきたロシア人の歴史とともに、周辺で発掘された古代王朝の渤海《ぼっかい》（698〜926）遺跡の出土品が展示される。

博物館の近くには、古いロシア正教会がある。生神女庇護聖堂という名で、ロシア革命中唯一壊されなかった貴重な教会だという。日曜であればミサをやっているので、訪ねてみたい。教会の裏手には青空市場がある。衣料や雑貨の店が並んでいるが、ときには犬やネコのペットが飼い主を探していたり、軍からの放出品のミリタリージャケットや軍用飯が売られていたりする。隣に中央市場があり、地元産の野菜やハーブ、肉などの食材を売っている。市場の通りの向かいにはバスターミナルがあり、ここからはウラジオストク方面や中国行きの国際バスも発着している。

旧市街から西に歩くと、市民公園がある。ここには小さな動物園がある。その隣に、ロシアの名女優ヴェーラ・フョードロヴナ・コミサルジェフスカヤの名を冠して1937年に建てられたという古いドラマシアターがある。劇場の中は歴史の重みを感じさせる古風なステージがあり、演目は大人向けから子供向けまで、日によって違う。驚くことに、こんな小さな町に劇場がもうひとつあり、それは軍管轄の劇場だ。ロシアの芸術の裾野の広さを感じる。

郊外にも見どころがある。中世のロシアの生活文化を体験できるテーマパークのエメラルドバレーだ。ロシアの祝祭日に合わせたイベントが行われるほか、ロシアの古い生活文化や戦闘スタイルを実演してくれる園内ツアーがある。

興味深いことに、このパークの周辺は、渤海遺跡の丘と呼ばれる。ウスリースク市の南側に広がる平原ではいまでも出土品が発掘されている。市内から車で20分ほど。

地元で生産している薬用酒のウスリースキー・バリザムは、タイガの森でとれた17種類のハーブが原料という。極東ロシアでは広く知られたブランドで、ウラジオストクのスーパーなどでも普通に売っている。甘くて少し苦いが、口当たりは悪くない。トラのマークのパッケージが目印。地酒と思って購入してもいい。

ウスリースク　Уссурийск

ウスリースクは、中国とつながる旧東清鉄道とウラジオストクに延びたウスリー鉄道の接続地である。ウスリースクにはウラジオストクからバスでも行ける。ただし、市内中心から少し離れた郊外のバスターミナルから出発するので、そこまで行くのが少し不便。本数は電車より多いので、帰りに利用してもいい。また市内にはウスリースクホテルがあり、客室は新しく改装されたばかりなので快適だ。1泊してのんびり散策するのも悪くない。

1914年に建てられたウスリースクで最も古い生神女庇護聖堂。ミサの時間に訪ねると、賛美歌に包まれた厳かな気分を体験できる

ウスリースク周辺で出土した12世紀の金王朝の亀の石碑（亀趺＝きふ）は市民公園に展示されている。亀趺は朝鮮半島にも見られる

ヴェーラ・フョードロヴナ・コミサルジェフスカヤ劇場を訪ねると、館内に同劇場所属の俳優たちが写真で紹介されている

ウスリースク博物館の渤海遺跡の展示。ここがもともとロシア人ではない人々の土地だった過去を知ることになる

器代わりのパンに肉やキノコ入りのスープを入れてオーブンで焼くつぼ焼きは、この地に最初に入植したコサック料理のひとつ

エメラルドバレーには中世ロシアの兵士の人形や石投げなどの武器が展示され、ガイドは来場者にその使い方を説明してくれる

エメラルドバレーには17世紀のコサック時代のシベリアの木造建築を模した建物が建っている。右側の円柱型の建物は当時の要塞に似た展望塔で、木造の教会もある

当時の女性の装身具にはさまざまなデザインがあり、そこには宗教的な意味がある。エメラルドバレーでは、スラブ民族の古い生活様式が紹介され、祝祭日には祭りが行われる

夜行寝台に乗って食堂車を楽しもう

オケアン号に乗ってひと晩きりのシベリア横断鉄道をプチ体験する

ウラジオストクはモスクワまで延びるシベリア横断鉄道の始発駅。とはいえ、150時間（6泊7日）をかけて乗車する人は、ロシア人も含めてそれほど多くない。

でも、もし夜行寝台でひと晩きりのシベリア横断鉄道の旅をプチ体験できるとしたら、乗ってみたい人もいるのではないか。極東ロシアのもうひとつの主要都市ハバロフスクに行く場合、夜出て朝着くのでちょうどいい。しかも、日本ではめったに体験できない食堂車が待っている。

その夜行寝台はオケアン号という。ウラジオストク駅午後8時45分発のオケアン号は、毎日運行されている。オケアン（Океан）は、ロシア語で「大洋」の意味。両都市を11時間半で結び、ハバロフスクに朝8時半に着く。

出発30分前に駅に着くと、オケアン号に乗り込む乗客たちがホームに並んで乗車を待っていた。若者から家族連れまで大きなスーツケースを抱えて、検札の真っ最中。

乗車して、コンパートメントで荷物を下ろして一服していると、汽笛の合図もなく、列車は定刻どおり静かに動きだした。それを合図に、お目当ての食堂車を訪ねた。なぜかといえば、食堂車の営業時間は午後11時までなので、ゆっくり食事を取るには時間が限られているからだ。

オケアン号の食堂車は、紫色を基調としたしゃれた雰囲気で、4人掛けのテーブル席と奥にカウンターのようなスペースがある。ここではロシア料理のディナーやアルコールが楽しめる。

食堂車を利用するもうひとつの理由は、ロシアの列車はコンパートメントの中での飲酒はNGだからだ。その厳格ぶりは徹底していて、駅舎内のキオスクでもアルコール販売は禁じられているほど。ホテルの部屋飲みのように、市場で買ってきたつまみを肴《さかな》にワインを開けるというようなお楽しみは難しい。食堂車に行くしかないのだ。

シベリア横断鉄道は最近、サービス化が進んでいる。これまでロシア鉄道では、列車の運行表示はモスクワ時間で統一されていたが、2018年夏以降、現地時間に改められた。日本人からみると当然のことのようでも、東西で最長1万km、時差もタイムゾーンが11に分かれた国ではやむを得なかったのかもしれないが、改善された。

ロシア鉄道の乗車券は90日前から公式予約サイトで購入できる。座席の指定も可能だ。決済にはクレジットカードが使える。

夜行寝台の利用者には、夜食のホットミールやミネラルウォーター、歯磨きセットなどのアメニティーグッズも提供される。かつて1週間の鉄道の旅をシャワーなしでモスクワまで過ごした人がいるかもしれないが、いまでは一部の車両では有料でシャワー室を利用できる。ただし、オケアン号で専用のトイレとシャワーが設置されているのは、1等寝台（「リュクス」＝ロシア語で「デラックス」）のみだ。生まれ変わったシベリア横断鉄道に注目である。

シベリア横断鉄道　Транссибирская магистраль

オケアン号の予約はロシア鉄道の公式ウェブサイトから手配できる。ロシア鉄道の運賃は、航空運賃のように、シーズンによって変わる変動制を採用している。オケアン号の夜食のホットミールはたいていブリヌイだが、メニューに選択肢がある場合、列車が走りだすと、車掌がコンパートメントに聞きに来る。1等寝台は2人部屋。3等寝台は通路の両側に3段ずつ寝台が並ぶ。http://pass.rzd.ru/main-pass/public

オケアン号の食堂車の照明はバーのような雰囲気。4人掛けのテーブルが車両の左右に並ぶ。早めに来ないとテーブルが埋まることもある

ボルシチとポテトサラダを注文。ロシア料理の基本メニューはほぼあり、アルコールもワインやビールなど選べる

オケアン号の車両に乗る前に車掌による検札がある。パスポートとチケットを照らし合わせる。ロシアでは車掌はたいてい女性だ

オケアン号とは別の夜行寝台に乗ったとき、食堂車では4人組の若い男性客たちがワイワイ酒盛りしていた。楽しそう

2等寝台は4人部屋。カーテンのようなしきりはなく、知らない者同士が向き合うことになるが、ロシア人は気にしていない

世界最長のシベリア横断鉄道は、ウラジオストクからモスクワへの直行列車以外に、沿線の各都市間を１泊程度で結ぶ夜行列車も多い。列車が駅に到着すると、ホームで待つ乗客たちがいっせいに乗り込んでくる。写真はアムール州ブラゴヴェシチェンスク駅

極東ロシアのもうひとつの個性的な町

かつて日本人が暮らした建物はハバロフスクの文化遺産となった

ハバロフスクは大河アムールのほとりの美しい町だ。アムール川は、シベリア東部からオホーツク海に至る約4000㎞を大きく蛇行しながら流れているが、ロシア人がこの町まで来て都市建設を開始したのは1858年。地名は17世紀にこの地域を旅した探検家エロフェイ・ハバロフの名にちなんでいる。

ウラジオストク発の夜行列車でハバロフスクに着いて荷を降ろしたら、まずアムール川を眺めに行きたい。日本人の感覚では海のような大河の向こう岸に見える、はるか先は中国領だ。川沿いに広がる公園には、展望台や遊覧船乗り場、観覧車、サッカースタジアムなどがある。ロシア正教会や博物館、美術館、コンサートホールなどの文化施設も並んでいる。

いまハバロフスクでは、話題のエンタメレストランが次々と生まれている。なかでも人気のレストラン「スルタン・バザール」の店内は、まるでアラビアンナイトの世界だ。店内は極彩色のじゅうたんを壁に飾り、アラビアの弦楽器や食器、水タバコ、ランプがディスプレイされ、天井からは真っ赤なオウムのかごが吊り下げられる。

店のスタッフは地元のロシア人の若者だが、男女ともアラビア風の衣装を身につけてコスプレしていて、雰囲気を盛り上げている。この町のエンタメレストランはただ食事を楽しむだけでなく、あの手この手の趣向で客を楽しませようとしている。もちろん、食事も日本ではめったに味わえないコーカサスの肉の串焼きやミートパイなどで、ジョージアワインも揃う。

実は、ハバロフスクには1880年代から1920年代にかけて多くの日本人が暮らしていた。最盛期の1910年代は人口約5万人のハバロフスクに約850人の日本人がいたという記録がある。彼らはこの地で商店やホテル、病院、レストランなどを経営していたという。

メインストリートのムラヴィヨフ・アムールスキー通りの周辺には、かつて日本人経営だった商店や事務所の入っていた建物がいくつか残っている。なかでも1896年にこの通りで写真館を開業した愛知県出身の竹内一次（1868〜1927）は手広く商売したことで知られる。1910年には外国人として初めて貿易事務所を設立し、地元の名士として活躍したという。

竹内が写真館を始めた建物は、いまもコムソモール通りとこの通りが交差する場所に建っている。通りに面した円柱の上にロシア風のタマネギ屋根が載るという、ひと際目立つデザインをした建物で、表面に彫られた竹内家の家紋「笹りんどう」はハバロフスクの文化遺産のひとつといわれる。

極東ロシアの旅は、港町のウラジオストクとアムール河畔のハバロフスクという個性の異なるふたつの都市を周遊するのがおすすめだ。両都市間はシベリア横断鉄道の夜行列車でつなぎ、日本からの行きと帰りをどちらかに選べばいい。

ハバロフスク　Хабаровск

日本からのフライトは約3時間。ウラジオストクに続き、2018年9月より電子簡易ビザの発給が開始されたことから気軽に訪ねられるようになっている。市内には極東ロシアの歴史を物語るハバロフスク地方グロデコフ記念郷土誌博物館や極東美術館、5000ルーブル紙幣に描かれているアムール川鉄橋とシベリア横断鉄道の歴史を解説するアムール川鉄橋歴史博物館などの文化施設もある。レストランの水準はウラジオストクと同様、とても高い。

上／シベリア横断鉄道を降りた朝のハバロフスク駅。駅舎は比較的最近、改装されたもの　右下／旧竹内一次の事務所。家紋に歴史的な価値があることから、夜になるとライトアップされるようになった　左中／スルタン・バザールのスタッフはエンタメ精神にあふれていて、家族客と一緒に輪投げゲームをしたり、水タバコを用意してくれたり忙しい。人気メニューにはコーカサスのミート入りオセチアパイ　左下／町の中心に位置するレーニン広場

アムール川は例年１１月から４月中旬まで氷結する。地元の人たちは、氷の上をソリで滑り、対岸の中州にウォッカやペリメニなどの食べ物を持ってハイキングに行く。その場でお湯を沸かし、ペリメニをゆでて食べるのだ。冬のハバロフスクでは氷の彫刻を飾る氷祭りも開催される

COLUMN 4

マラソン大会や「トラの日」も 9月はイベントラッシュの月

ウラジオストクでは、9月は1年で最もにぎやかなイベント月間だ。訪問者もこの時期どっと増える。2015年以降、毎年開催されている東方経済フォーラムは、極東ロシアへの海外からの投資を促進するための会議で、プーチン大統領や日本の首相も出席するため、両国をはじめ各国から関係者がウラジオストク入りする。

2016年から毎年9月第4週の土曜に開催されるウラジオストク国際マラソンも国内外から多くの参加者が訪れる。スタートは緑が豊かなルースキー島で、普段は歩けない巨大な斜張橋のルースキー大橋や金角湾大橋からの絶景を横に見ながら走り抜ける。橋の下はトルコのボスポラス海峡にちなんで、東ボスポラス海峡とも呼ばれ、周辺に点在する島並みの美しさは格別だ。

ふたつの橋を渡ると、帝政ロシア時代の町並みが残るスヴェトランスカヤ通りを駆け抜け、ゴールの中央広場が見えてくる。ハーフマラソンや5kmコース、子供用1kmコースなどがある。参加申し込みは、ロシア国内のランニングイベントの総合サイトRussia Runningなどを通じて行う。毎年日本人も50人以上参加している。

地元の人たちにとって大切な記念日となるのが、毎年9月最終日曜日に開催される「トラの日」だ。これは市民総出でトラのフェイスペイントを楽しむイベント。この日、中央広場に向かって下るオケアン大通りでは、トラに扮した市民による仮装パレードが繰り広げられる。

なぜ、トラかというと、この町の歴史と関係している。ロシア人が初めてウラジオストクに現れた1860年頃、現在の港の周辺は森に覆われていて、ウスリータイガーがうろうろしていたという。当時のロシア人は都市の建設の過程でトラとの遭遇が日常だった。こうしてトラはこの町のシンボルになった。いまも市内のそこかしこにトラの像が置かれている。

ウラジオストク市郊外には、野生のトラを放し飼いにしているサファリパークがあるのだが、数年前、餌として与えられた生きた山羊と、むつまじく寄り添っているトラの映像がYou Tubeを通じて世界へと発信され、注目を集めたこともある。

この時期のウラジオストクは気候も快適で、まさに旅行シーズンといえるが、宿泊施設が混み合うため、早めの予約が必要になるだろう。

巨大なルースキー大橋を走るランナーたち。この日ばかりは橋の上に行けるので、地元の参加者も多い

ウラジオストク国際マラソン
http://jp.vladivostokmarathon.ru

Russia Running
このサイトのイベント情報から「VLADIVOSTOK INTERNATIONAL MARATHON」を探し、希望のコースを登録し、カード決済すると、参加登録できる。http://russiarunning.com/event

Chapter 5

バレエ・音楽鑑賞×美術館めぐり

ロシアの都市文化を楽しむ

ウラジオストクは小さな都市だが、思いのほかロシアの都市文化を満喫できる。代表的なのはマリインスキー劇場でのバレエやオペラ鑑賞だが、市内のコンサートホールや教会では、演奏会が開かれている。ロシア近代絵画を収蔵する美術館や元縫製工場をリノベーションした現代アートスペース、町にあふれるストリートアートなど、見るべきものは多い。サーカスや人形劇などのロシアらしいアトラクションやサッカー、アイスホッケーなどの人気スポーツの観戦もできる。

ゾウやライオンが大活躍、人間離れした曲芸も
ロシアの伝統芸のサーカスや親子で楽しめる人形劇を見に行こう

意外に思うかもしれないが、ウラジオストクは小さな子供連れで安心して楽しめる旅行先だ。少子化に悩む極東ロシアでは子育て支援のための施策が進んでいて、キッズルームを併設したレストランがことのほか多いのがひとつの理由だ。

　大人と子供が一緒に楽しめるアトラクションが豊富なのもそう。その代表は、ロシアの伝統的な大衆娯楽のサーカスだろう。天井高く張られた綱渡りや空中ブランコなどの人間離れした曲芸に加え、ゾウやライオン、シベリアに生息するクマやトラなどの動物たちが大活躍。なかでも注目は、ロシアサーカスの伝統芸。クマが自転車やオートバイに乗ったり、ローラースケートで走ったり、レスリングやダンスまで見せてくれるから、子供たちは大喜びだろう。

ロシアサーカスの起源はクマ使い

ロシアのサーカスの起源は、中世の頃、スコモローフと呼ばれた路上の放浪芸人にあった。シベリアの森が広がるロシアでは、クマが身近な動物だったことから、15世紀頃からクマ使いが現れたという。その後、18世紀になると各都市に常設の見世物小屋ができ、近代サーカスの母体となった。19世紀から20世紀初頭になると、サーカスは娯楽の中心になり、国内はもとより、イギリスやフランスなどの外国のサーカス団もロシアに巡回に訪れ、人々を楽しませるようになった。

　ソ連時代に入っても、サーカスは民衆に勇気を与え、革命を鼓舞する娯楽として国営化されたことで、大きく発展する。半円形状のアリーナや、それを囲む客席などのセットが生まれたのもその頃だ。1957年に発足した国立ソビエト連邦サーカス団は、8000人ものアーティストを擁する世界最大のサーカス団となった。その翌年の夏、同サーカス団は「ボリショイサーカス」と銘打たれ、初めての日本公演を行い、大盛況となった。当時の日本ではサーカスといえば、ロシアのボリ

ショイが代名詞となった。

1983年にモスクワで国立サーカス学校が開校され、入学者たちはアクロバットやダンス、クラウン（道化師）の基礎などを学んでアーティストを目指すようになった。ロシアのサーカスを支える高度な技術は、専門学校での厳しい学びに裏打ちされているのだ。

歴史あるウラジオストク国立サーカス

スヴェトランスカヤ通りを東に向かい、金角湾大橋をくぐり抜けた少し先に、ウラジオストク国立サーカスはある。1885年に誕生し、91年に当時のニコライ皇太子も訪れたことがあるという歴史あるサーカス場だ。

現代のロシアのサーカスには大きくふたつのスタイルがある。伝統的な動物がたくさん登場して曲芸を見せるものと、トランポリンや空中ブランコなどを駆使し、奇想天外でアクロバティックな人間による曲芸を中心とするものだ。

実をいうと、ウラジオストクには地元のサーカス団は現在はないため、ここにはロシア全土や海外からサーカス団がやって来て、それぞれ特徴のある公演を行っている。劇団や演目、公演スケジュールなどは、公式ウェブサイトで確認できる。

地元の子供連れが多い人形劇場

大人と子供が一緒に楽しめるアトラクションはもうひとつある。人形劇だ。ロシアの人形劇はクオリティーが高く、どんな小さな町にも専門の人形劇場があるほど。公演の日には小さな子供連れの家族が劇場を訪れている。

ウラジオストク人形劇場の設立は1939年。この町の人形劇団は、ロシア国内だけでなく、海外でも公演している。1996年と1999年には、アジア太平洋諸国の国際人形劇フェスティバルの会場となった。

公式ウェブサイトを見ると、日本でもおなじみの「三匹の子ブタ」「赤ずきん」「おやゆび姫」などの童話作品の公演があり、ことばがわからなくても、子供たちは意外に楽しめるのではないだろうか。地元ロシア人の親子と交流する機会にもなるだろう。

サーカスや人形劇のチケットのネット予約は難しいようだ。バレエのように、外国客が来場することがまだ想定されておらず、地元客向けの対応になっているからだ。公式ウェブサイトで公演日程を調べたら、劇場に直接行ってチケットを購入するといいだろう。

右／ライオンの輪くぐりは動物曲芸の醍醐味。幕間にはクラウンが現れ、観客を笑いに誘う　中／2017年12月に改装オープンしたウラジオストク国立サーカス。2000人の観客を収容可能で、料金は600～2000ルーブル（約1000～3400円）。アクロバティックな曲芸中心の演目もある　左／劇場内のステージに浮かぶ幻想的な人形たち。ウラジオストク人形劇場はニコライ2世凱旋門の隣にある

ウラジオストク国立サーカス
Государственный Владивостокский Цирк
https://circus-vladivostok.ru

ウラジオストク人形劇場
Приморский краевой театр кукол
https://primpuppet.ru

ロシア近代絵画からイコンや現代アートまで

美術館とギャラリーめぐりで午後の時間を過ごすのもいい

ウラジオストクはロシアの一地方都市にすぎないが、個性的な美術館やギャラリーなどがいくつかある。なかでもウラジオストク駅の近くにある国立沿海地方美術館は、主に18〜19世紀のロシア近代絵画を収蔵する、ほどよく古風で居心地のいい美術館だ。

ロシア美術の流れをたどる展示

ロシア美術は、中世の時代はギリシャ正教会の聖像画であるイコンに代表される宗教的な色彩に深く染まっていた。イコンは教会の聖堂を飾り、その前で信徒が祈りを捧げる聖具としてキリストや聖母、天使、聖人などが描かれてきた。正教会文化圏の国々では、それぞれ独自の図像や様式が生み出されてきた。ロシアでは、教会も含め木造建築が多く、木の板に描いて壁に掲げるイコンが発展した。それは民衆の生活の中にも溶け込んでおり、教会以外の場所の家庭や学校にも置かれるようになった。

18世紀のピョートル大帝やエカチェリーナ2世の治世になると、西欧文化を積極的に摂取したことから、油絵の技法が導入され、肖像画などのジャンルが生まれた。19世紀にはロシア独自の風景画や歴史画、風俗画も登場。19世紀後半には「移動派」と呼ばれる絵画の大衆化の運動が起こり、20世紀になると、革命前後にはロシア・アヴァンギャルドと呼ばれる前衛的な表現スタイルを生み出した。純粋抽象絵画の創始者として知られるヴァシリー・カンディンスキーや、前衛的手法とロシア系ユダヤ文化の土着性を融合させた作風で名高いマルク・シャガールなど、現代アートの巨匠といわれる人材も輩出した。

これらの絵画の多くはモスクワやサンクトペテルブルクなどの有名美術館に収蔵されているが、一部は地方の公立美術館に移管されている。点数は多くはないものの、ロシアの近現代美術の流れをたどることができる。カンディンスキーやシャ

ガールの絵も含まれる。

　国立沿海地方美術館の閲覧室は1階と2階で、常設展示と企画展示に分かれており、前者ではロシアの著名な画家の作品を見ることができる。館内のアートスタジオでは子供や学生向けのワークショップもあり、この国の美術教育の水準の高さを知るだろう。また、近隣アジアの国々、日本との書道や浮世絵などの国際交流も盛んで、ウラジオストクの美術活動の公的センターとなっている。

現代アートを扱う民間ギャラリー

　一方、民間のギャラリーもいくつかある。1995年に設立されたアルカ・ギャラリーは、現代アート専門の画廊として有名だ。シベリアおよび極東ロシアで最も早い時期に現れた現代的なギャラリーの館長はヴェラ・グラズコヴァさんで、キュレーターはマリナ・クリコヴァさん。ロシア国内のアーティストを中心に抽象絵画や写真、パフォーマンス、インスタレーション、映像作品など、現代アート作品をウラジオストクの人々に伝える最前線基地となってきた。

　同ギャラリーによるロシアの新進アーティストの作品展は、地元の若い美術学生などに影響を与え、モスクワやサンクトペテルブルクなど国内のみならず、フランスやドイツ、アメリカ、日本などでも巡回している。場所はアルセーニエフ記念国立沿海地方博物館の通りの斜向かいの路地にある。

　かつてこの町に多くの日本人が暮らしていた20世紀初頭、朝鮮銀行として使われていたクラシックなビルの中にあるのが、ロシア現代アートの企画展を随時行っているアートエタッシュだ。市民の視点からロシア社会を考察する写真展など、いまこの国で何が起きているか、考えさせる作品も多い。建物の中は当時のモダンな雰囲気が残っているので、ぜひ見物がてらでも立ち寄りたい。場所は、オケアン大通りと噴水通りをそのまま東に歩いて交差する角にある。

　地元出身の画家の作品を専門に展示する画廊もある。1948年アルチョム生まれのセルゲイ・チェルカソフは、極東ロシアを代表する風景画家のひとりで、沿海地方の美しい自然と人間の暮らしを幻想的に描いている。彼の絵画を展示するセルゲイ・チェルカソフ・ギャラリーでは、透明で澄みきった風土の魅力を表現した作品の実売だけでなく、オリジナルカレンダーやポストカードなども販売している。場所は少しわかりにくく、セミョーノフスカヤ通りから1本裏手に入った路地の中にある。

右／国立沿海地方美術館では、頼めば学芸員の絵画の解説を聞くことができる　中／通りに面した国立沿海地方美術館の外観。隣に地元の美術協会の画廊もある　左／アートエタッシュは旧朝鮮銀行のビルの2階にある。当時のスタイリッシュなデザインの階段を上がるとギャラリーがある

国立沿海地方美術館
Приморская Государственная Картинная Галерея　https://primgallery.com

アルカ・ギャラリー　Галерея Арка
http://arkagallery.com

アートエタッシュ　АртЭтаже
https://vk.com/artetage

ソ連時代のアンダーグラウンドカルチャー展も

工場跡地発の現代アートから いまの極東ロシアが見える

工場跡地をアートスペースに変える。いま世界の多くの都市で実践されているアートムーブメントがウラジオストクで始まっている。市内から北へ少し離れたソ連時代の縫製工場をリノベーションして生まれたザリャーのことだ。

レニングラードの地下文化展

このようなアートスペースは欧米に限らず、日本の近場でも北京の７９８芸術区や上海の莫干山路（Ｍ50）があるし、コンセプト自体は特に目新しくはないかもしれない。それでも、ここを訪ねるべき理由はある。ザリャーで定期的に行われる国内外のアートの企画展や映画上映、ワークショップには、日本にいてはなかなか知りえない、ロシアならではの内容があるからだ。

たとえば、２０１７年冬に開催されたのは、「群集の中のＡＣＣＡ」と題された１９８０年代、つまりペレストロイカの時代から90年代にかけたレニングラード（ソ連時代の呼称。現在のサンクトペテルブルク）のアンダーグラウンドカルチャーの企画展だった。

館内に展示された当時のファッション写真や絵画とともに、面白かったのは、80年代に撮影されたという、レニングラード・ボヘミアンと呼ばれた当時のアーティストたちによるファッションショーの動画である。抑圧されているからこそのエネルギーなのかもしれない。それらは驚くほどファンキーでアヴァンギャルド、ぶっ飛んでいた。

当時レニングラード・ボヘミアンを先導していた人物は、ＡＣＣＡ（ガリック・アッサ）だった。彼は１９５３年ハバロフスク地方生まれのデザイナー兼アーティストで、80年代を代表するソ連前衛派のファッションリーダーである。彼の愛称「アッサ」は、彼とその仲間たちが開催するファッションやアート作品のロゴとして採用された。彼らは陽気だけれど、挑発的だった。アッサは自らのアート運動を「ソビエト・パンク・ダンディ

ズム」などと呼んでいた。

「当時のアンダーグラウンドカルチャーは、その後のロシアの新しい芸術や映画、音楽、そしてファッションシーンの出現のための実験場になりました。この運動と極東の文化的背景との関連性を示すことも、この企画展のもうひとつの目的です」と同センターのキュレーター、アリサ・バグドナイチェさんは語る。

自由化が少しずつ進行していたとはいえ、まだソ連時代であり、当時のアーティストたちにはさまざまな障害や葛藤があった。先ごろ、都内で開かれた『BONE MUSIC 展～僕らはレコードを聴きたかった～』(BA-TSU ART GALLERY)という企画展によると、当時のソ連の人たちは、政府が禁じていた西側の音楽の音源をなんとレントゲン写真に録音して造ったレコードで聴いていたというから驚きだ。

そうしたこっけいなほどのひたむきさについては、ウラジオストク出身のロックバンド、ムミー・トローリのリーダーであるイリヤ・ラグテンコも次のように語ってくれたことがある。「ロシアがまだソビエト連邦だった時代のウラジオストクでは、ロックンロールは反共産主義の音楽と呼ばれていた。だが、ラジオを通じてまれに日本の音楽を聴くことができたので、弱いながらも電波を拾って日本の曲を聴くようになった」。その後、ウラジオストク港で働く船員たちが、海外の音楽CDなどを持ち返ってくるようになったという。

切り裂かれた北東アジアの地図

2018年の冬には、極東ロシアならではのコンセプチュアルな企画展が開かれていた。タイトルは「One Northeast（ひとつの北東）」というもので、今日ロシア領となっている沿海地方の空間を、歴史的、文化的、精神的な側面から探求しようという構想だった。

今日の極東ロシアは中国やモンゴル、北朝鮮、韓国、日本と国境を隔てている。この企画展の推進者たちは、こうした政治的、経済的な境界線によって北東アジアはかえって衰弱したとみる。アートの想像力でそれを変えていくことはできないだろうか。

興味深いのは、展示会の入り口に貼られた一枚の地図のコラージュだ。それは、極東ロシアの地図を斜めに切り分け、一方をロシア語の、もう一方を中国語の地図に差し替えてある。それぞれの地図は19世紀半ばのロシアと中国の領土交渉の時期に作製されたもので、お互いが相手の領土も含む地図を自国語で表している。交渉の結果、そこ

右／前衛的かつワイルドな原始性をキャンバスに表現するイワン・ソトニコフの絵画作品　中／この人物がレニングラード・アングラカルチャーの顔、ガリック・アッサ　左／クラスノヤルスク出身のテレビ司会者で、デザイナー、パフォーマーのドミトリエヴィッチ・バーテネフもこの時代の人物

に明確な境界が引かれ、北東アジアはこのふたつの大国によって政治的に切り裂かれることになるのだが、このコラージュ作品が暗示するのは、このマージナルな線引きはきわめて人為的で後発的なものにすぎないという認識だ。

この企画展は、今日の極東ロシアの主人公であるはずの自らの立ち位置を相対化する試みにもなっている。実際、これに参加しているアーティストは、ロシアだけでなく、韓国や香港、中国、フィンランド、スウェーデンなど多国籍の人たちだ。彼らはロシア的な文脈を超えた、それぞれ独自の視点や歴史認識からウラジオストクや沿海地方特有の今日的状況にアプローチしている。

館内には、さまざまなタイプのコンセプチュアルな北東アジアの地図が展示されていた。それらは政治的に固定化された境界を、統計学や地質学、歴史学などのアイデアを駆使した想像力によって書き換えようとしたものだ。また、沿海地方各地に残るソ連時代の空虚な風景を切り取った写真展もある。それはかつてソ連全土にどこでも見られた光景だが、そこが極東ロシアであるかどうかわからないという意味で、地域のオリジナリティーを欠いている。

この地に住んでいた先住民族の信仰にフォーカスを当てる作品もあった。ツングース系の民族に共通するシャーマニズムには国境を超えた視点を獲得する可能性があるというのだ。企画展のパンフレットでは「私たちは地政学の言語ではなく、もっと地域に根ざした倫理の言語でコミュニケーションをはかる必要がある」と提唱されている。

ウラジオストク発アートを生み出す

このユニークなアートセンターを設立したのは、ナホトカに近いパルチザンスク出身で、ロシア最大のアルコール企業グループ「ベルーガ」の創業者、美術品コレクターでもあるアナトリエヴィッチ・メチェーチンさんだ。モスクワ在住の彼は、地元の若者の未来のために何か貢献できないかと考えて、2013年にザリャーを設立している。

実際の企画を推進しているのは、前述のモスクワ出身のアリサ・バグドナイチェさんである。彼女はモスクワとウラジオストクを行き来しながら、次々と新しい企画を立ち上げてきた。「モスクワにいると、ヨーロッパのアートやアーティストと接する機会も多く、ネットワークも生まれやすい。だから、遠く離れた極東にこれらの動きをもっと伝えることができないか。目的はこの地域のアーティストの可能性を開くことにある。これは、モスクワに向かってという意味だけでなく、アジア

に向けて開いていくという意味合いも強い。すぐそばに日本や中国、韓国といった国があり、ウラジオストクのアーティストの作品や活動を発信し、評価してもらいながら、海外のアーティストとも交流することで、地域のアート業界の発展につなげていきたい」と話す。

ザリャーでは数年前、「1960〜2010年代ウラジオストクの現代アート」という企画展も開催している。設立当初、縫製工場の跡地をアートスペースに変えるというアイデアは、地元になかなか理解されない時期もあったという。だが、この企画展によって、地元アーティストだけでなく、美術大学の学生や地元の美術教育を行う人々などに支持されるようになってきたという。

アート・イン・レジデンスも募集中

敷地内には8つのレンガ造りの建物があり、展示スペース以外に、地元のデザイン会社や広告会社、アーティストたちのための工房やオフィスとして使われている。ザリャーでは、アーティストを一定期間、国内外から招請し、滞在しながら作品制作を行わせるアーティスト・イン・レジデンスを始めている。極東ロシアで唯一のこの試みの参加者を公式ウェブサイトで募集している。「日本とウラジオストクはとても近いのに、まだ日本人アーティストの企画展は少ない。ぜひ我々の取り組みを知ってほしい。レジデンスにもウラジオストクに関心のあるアーティストに入居していただきたい」という。

展示スペースのある8号棟の2階には、広いコミュニティースペースがあり、地元の美術系の学生のたまり場となっていて、作品制作に取り組む姿も見られる。アート関連の図書スペースもあり、自由に利用できる。

その1階にはカフェがあり、展示を見たあとゆっくり過ごせるし、周辺にはワインショップやオーガニック食品の店などもある。

これは日本も同じだが、ロシアでも新しいカルチャートレンドの多くは首都モスクワから地方に流れ込んでくるのが一般的。ウラジオストクとモスクワを往復しながら仕事をしている人も多い。モスクワの視点からウラジオストクの固有の地域性が掘り起こされるという側面もある。でも、モスクワのような大都市はあまりに情報が多い。いまのロシアの社会や文化を理解するには、ウラジオストクくらいの地方都市の方が適している面もある。日本から見て、ウラジオストクをロシアの現代文化のひとつの窓口としてみてもいいかもしれない。

右／極東ロシアの切り裂かれた地図のコラージュ。左下の中国領がロシア語版でロシア側が作成。右上は中国語で清国の官僚がロシアとの領土交渉のために作成したものだ
中／1階にはロフト感覚のしゃれたカフェ「Tree」がある
左／敷地内には8棟の赤レンガ建築がある。1961〜2008年までソ連（ロシア）の国営縫製工場だった

ザリャー　фабрика ЗАРЯ
路線バス59番の終点下車。道路を陸橋で渡るとすぐの場所にある。レンガ造りの建物が並んでいるのでわかる。
http://zaryavladivostok.ru

都市のスキマをアートで埋め尽くせ！

あふれる街角グラフィティはこの土地の記憶を思い起こさせる

ウラジオストクはストリートアートがあふれる町だ。街角のあちこちに自由気ままに見えるグラフィティが描かれていて、散策の合間に眺めるのは楽しい。抽象絵画のような不思議な作風もあれば、写実的な絵もあり、テーマはいろいろで、トラなどの動物を描いた子供向けと思われる愛らしい作品も多い。

一方、明らかに特定の人物とわかる肖像画が壁に埋め込まれていて、「これは誰だろう」。偶然見つけることがほとんどなので、記憶にとどめておくのが難しいが、気になる作品もある。

2010年頃からロシアでもバンクシーのような覆面芸術家が登場し、各地でストリートアートが現れている。それらの作品のいくつかに共通する、何かを世に問いかけ、社会に異議申し立てをするような作品は、ウラジオストクには多くない。むしろ、通りで見かけた人の表情にくすりと笑みを浮かべさせるような、穏健で朗らかな作風が主流である。

この土地の覆面芸術家たちは、都市のスキマに何を埋めるべきか、よく考えをめぐらせたうえでテーマや作風を決めているかのようだ。彼らがこれらのストリートアートに込めた思いとは何だろうか。

地元出身のアーティストが仕掛け人

地元出身のアーティスト、パヴェル・シュグロフさん（1978年生まれ）は、極東芸術大学を卒業し、サンクトペテルブルクのアートスクールで学んでいた頃、ソ連時代の古い団地の壁面にパフォーマンスを兼ねたペインティングを始めた。古い町並みに彩りをもたらし、そこで暮らす人たちの意識を変える街角ペインティングプロジェクトを、彼は「33＋1」と呼び、ロシア各地の33名のアーティストたちと連携しながら進めている。すでに国内の作品数は200を超えたという。

最近、この活動をまとめた書籍が刊行されたば

かりだが、「33＋1」のマニフェストによると、現代アートの精神をギャラリーに閉じ込めておくのではなく、都市の公共空間へ解き放つことで、同じコミュニティーに暮らす住民の意識に語りかけ、人々の目を開き、町をカラフルに塗り替えていきたいという。そのためには、他の覆面芸術家のようにゲリラ的な手法で行うのではなく、地元の政府やメディア、企業、そして住民とも対話しながら、作品のテーマや題材を決めていくというプロセスを採用している。つまり、彼は地域コミュニティーにおけるキュレーターであり、アートによる啓蒙家たらんとしているのだ。

そんなパヴェルさんが地元ウラジオストクに拠点を移して活動を始めるきっかけになったのは、2006年に娘さんが生まれたから。「壁絵にはさまざまなテーマや目的があるけれど、自分の生まれた町の歴史や文化を人々に思い起こしてほしいと思った」と語る。

彼は現在、地域の若い世代のアーティストや子供たちともコラボしながら、さまざまなタイプの作品を世に送り出している。たとえば、彼は噴水通りのビルの壁面にひとつの中折れ帽の絵を描いている。そのモチーフはウラジオストクで撮影されたある映画のワンシーンから取られており、地元市民であれば、そのシーンを思い起こすはずだという。それは地元の人たちだけが共有できる良き思い出といえるだろうし、人々にささやかな元気を与えるかもしれない。

100年前の都市の記憶を伝える人物像

だが、そんな彼は少し毛色の違う一群の作品も描いている。それは、彼がここ数年注力してきた人物の肖像画シリーズで、ウラジオストクに実在した歴史上の人物像を描いたものだ。

19世紀半ば、すなわち約150年前にロシア人が極東ロシアに都市を建設するようになって以来、この地で起きた歴史の記憶につながる人物像である。それは銅像として残される政治家や将軍などの高名な人物ではなく、20世紀前半の混乱したウラジオストクの暗い世相や裏町での出来事を伝えるものが多い。

たとえば、当時ウラジオストクの治安や風紀は悪化しており、夜の商売にいそしむ女性や彼女らの客である外国人兵士の姿を描いたものがある。なぜそこに外国人兵士がいるかといえば、1917年のロシア革命に干渉するべく世界の国々が軍隊を送った1918年からのシベリア出兵が背景にある。当時、ウラジオストクには各国の多数のスパイが暗躍していたことが知られているが、伝

右／オケアン大通りのビルに描かれただまし絵とブリキ製の波止場のマドロス　中／アレウーツカヤ通りの古い建築の窓のないスペースを使って子供の世界を描いた作品　左／20世紀初頭、ウラジオストクに実在した外国人スパイ「ハスキー」の肖像画の前に立つパヴェル・シュグロフさん

説の外国人スパイの肖像もある。また、市内中心部のミリオンカと呼ばれる一画は、19世紀末頃より帝政ロシアの法の支配が届かない場所で、多くの中国人労働者が住み着いていた。彼はそのエリアに、当時の中国人労働者の絵を描いている。ソ連時代の1936年に、この地区は政府によって一掃されてしまい、現在では観光客の多い噴水通りに近いことから、その名残を感じることはない。今日この地を訪れる中国人は豊かな観光客ばかりだが、100年前の彼らの存在は、ウラジオストク市民の記憶に残っていると彼はいう。

ドキリとするのが、シベリア出兵時にこの地に送り込まれた数万人にもおよぶ日本兵のひとりの肖像だ。当時多くの民間日本人がこの地に暮らしており、現地のロシア人たちといい関係を築いていた。一方、ウラジオストク港に軍艦を派遣し、日本兵が凱旋行進したアレウーツカヤ通りには日本軍司令部として使われたビルがあり、いまも残っている。同じ通り沿いの古い建物の入り口脇の見えにくい壁に、その絵は埋め込まれている。

まずはスペースありき

それぞれの人物像は地元の歴史をよく知る人にしかわからないものも多そうだが、確かにその場所に実在した人たちなのである。

パヴェルさんはこうした歴史の記憶を都市空間にひそかに埋め込むことで、地元の人々に自分たちの暮らすウラジオストクの地域固有の過去の姿を伝えるだけでなく、住民がこれをふまえ、主体的に未来を生きるための気づきを与えたいと考えている。

「次はどこに描いてやろうかな」。そんなことを思いながらいつも町を歩いている彼にとって描く題材やテーマもそうだが、スペース探しのことも頭を離れないという。

たとえば、誰もが見向きもしない殺風景な倉庫の扉や再開発でいきなり隣の建物が壊され、むき出しになったビルの壁面を見つけると、そこを絵で埋めたくなる。まずはスペースありき。この場所だったら、何を描くと面白いだろう。最近は、若い地元の仲間たちと一緒にテーマを考えることも増えた。そうやって、次々と作品が生まれていくのだ。

パヴェルさんたちが描いたストリートアートはウラジオストク市内に数限りなくあるが、現地在住の宮本智さんが、主な彼らの作品を市内地図に落とした情報を「ウラジオ.com」という情報サイトに公開している。これを頼りに、探しに歩いてみてはどうだろう。

シベリア出兵時の外国人兵士と夜の商売をする女性の肖像画は、噴水通りの脇の路地裏に置かれている。人物像の意味を必ずしも地元の人が理解しているとは限らない

ウラジオ.com「壁絵マップ」
http://urajio.com/item/0557

シベリア出兵時にウラジオストクに現れた日本兵は、歩兵銃を手にしてうつろな表情をして立っていて、なんとも不気味な印象を与える

ウラジオストクのコスプレフェスがいま面白い

ロシアのコスプレイヤーの情熱や真剣勝負の姿が観客を魅了する

第12回目となるウラジオストクのコスプレフェスティバル『Animate It !』が2019年5月2日から4日まで開催された。極東ロシアで最大のコスプレイベントだ。地元からはもちろん、ハバロフスクやアムール州、サハ共和国など、極東ロシア各地方から約350名のコスプレイヤーが集まり、アジア系アニメキャラ、アメコミやディズニー、ヨーロッパなど非アジア系ファンタジーキャラ、ゲームキャラの3つの部門に分かれて競い合った。観客や関係者など合わせて1000名以上が来場したという。

寸劇とパフォーマンスで競う

5年前から毎年このフェスティバルに足を運び、日本とロシアのコスプレ関係者の交流を進めているNPO法人日ロ交流協会の中道茂さんは、当地のコスプレフェスティバルの特徴についてこう語る。「日本のイベントに比べると規模は小さいけれど、3日間の開催中、毎日夜9時までぶっ通しでコンテストが行われ、会場はすごい熱気だ。ロシアのコスプレコンテストは日本とは方向性が違う。各コスプレイヤーは、ひとりで出演する場合とグループの場合があるが、与えられた時間の中で自ら演出した寸劇や、ファッションショーのようなパフォーマンスを披露する。その完成度やレベルの高さは息をのむほど」。

一般にロシアのコスプレフェスティバルでは、シナリオがあってセリフも自作自演の寸劇を披露する場合や、コスプレイヤーたちが自ら選曲した音楽に合わせ、身につけたコスプレ衣装をファッションショーのように披露するスタイルがある。衣装やテーマに合わせた映像を制作し、バックに映しながらパフォーマンスを行うチームもある。個人で出演しつつ、グループでも出る掛け持ちプレイヤーもけっこういて、彼らのこのイベントにかける情熱や真剣勝負の姿が、訪れた観客を魅了しているのだ。

参加しているコスプレイヤーは18歳から20代半ばくらいの年代がメイン。コンテストには予選があり、衣装を身につけた写真を主催者に送り、選考に残ることが条件になる。基本的に、衣装はオーダーメイドで手づくりだ。新しくオリジナリティーの高いキャラクターを選ぼうとすると、既製品は存在しないからだ。

コスプレ＝日本のアニメではもうない

中道さんはこの数年でウラジオストクのコスプレのトレンドが変わってきたと話す。「最初に見た2015年頃は、『NARUTO』や『ワンピース』など日本のアニメが大半だったが、最近ではめっきり減り、少し寂しい気がする。いまの主流は、スパイダーマンなどのアメコミやヨーロッパのケルト神話の中のファンタジーキャラなどで、ゲームの格闘キャラのコスプレも派手で勢いがあって、カラオケやダンス、演劇仕立てのパフォーマンスなど、見ていて飽きないものがある」

もはやコスプレ＝日本のアニメではないのだ。

昨今の日本の自主規制が幅を利かせるコスプレの現状に比べ、ロシアでは参加者がみんな自分のやりたいことを好き放題自由にやろうとしているので、当然レベルも上がるし、パワーを感じると彼はいう。

会場は市内最大のコンサートホールのフェスコホール。開催当初に比べ、参加者や観客が増えたため、数年前に会場を移したという。コンテストが行われるステージの他、各コスプレイヤーたちが被写体となる撮影ゾーン、彼らのパフォーマンスを映像化した作品やグッズを販売するコーナーもある。最初は手弁当で始めたイベントも、だんだん企業などのスポンサーが付くようになった。なかでもゲームの人気コスプレイヤーは企業が主催するイベントの出演依頼もあり、プロとしての道も生まれている。中道さんは「いまのウラジオストクは、日本のサブカルの商業化が始まった1980年代の雰囲気を思い起こさせる」と話す。

彼は現地で知り合ったコスプレイヤーを日本のコスプレイベントに招請してきたが、評判は上々だという。なにしろ彼らはスタイルがよく、目鼻立ちの整った美形ばかりなので、断然コスプレ映えするからだ。ロシア語が堪能なアニメ声優の上坂すみれさんも、来日した彼らとの出会いをブログで紹介している。

極東ロシアでは、ウラジオストク以外でも、9月にはウスリースク、10月にはハバロフスクで同様のコスプレフェスがある。今回参加したプレイヤーも、これらのイベントに出かけるそうだ。

右／今回の優勝者はイギリスのオンラインゲーム「ウォーハンター」のキャラ（中央）　中／真紅の傘と着物風の衣装が映えるキャラは、日本ではなく、中国のオンラインゲーム「陰陽師」の姑獲鳥　左／チームコスプレはステージで各キャラが舞う。観客は極東ロシア中から集まった

コスプレフェスティバル『Animate It！』

毎年4月から5月にかけて実施されている。来年以降の日程は以下のウェブサイトから。http://vk.com/kuroisora

なんちゃって日本レストランが増殖中
マンガと和食で知る ロシア人が日本びいきの理由

美しすぎるロシア人コスプレイヤーたちに出会いたければ、現地のフェスティバル会場を目指すしかないが、普段はごく普通の日常生活を送っている彼らと交流するなら、コミックショップがひとつの出会いの場になりそうだ。

コミックとマンガの違い

ウラジオストクのコミックショップといえば、噴水通りの裏路地を入った「ウベージシェ14」。ロシア語コミックを販売する書店だ。

ロシアでは、欧米の作品を「コミック」といい、日本の作品を「マンガ」と呼び分けている。取り扱い数は圧倒的にアメコミが多いが、一部日本のマンガも置かれている。店主のサーシャさんは２０１５年にここを開店した。

１９８６年ウラジオストク生まれの彼が最初に海外コミックを知ったのは、インターネットを通じてだった。15歳の頃というから、２０００年代の前半だ。当時、これらネット上の海外作品は、ボランティアによるロシア語の翻訳が付いていたという。要は海賊版だ。

ロシアの地方都市ではサブカルチャーはモスクワ経由が主流。「ロシア全体ではヨーロッパやアメコミの人気が高いが、ウラジオストクでは日本の影響が大きく、マンガのファンやコスプレ人口が多い」という。

彼の好きな日本のマンガ家はＣＬＡＭＰだ。「物語がゆっくり進行し、ストーリーが深く、世界観の広がりがある。そんな日本的なファンタジーに魅《ひ》かれる」と話す。

コスプレフェスティバル『Animate It !』（Ｐ１１０）の運営に関わるアントン・カズルチさんも日本アニメの大ファン。１９８５年生まれの彼は「日本アニメとの出会いは8歳のとき。最初に見たのは『となりのトトロ』や『空飛ぶゆうれい船』。自分の娘がいま8歳で、同じアニメを見て喜んでいる」と話す。

ロシアでコスプレイベントが始まったのは2000年代に入ってから。彼は地元の仲間と一緒に2006年に立ち上げ準備を始めた。

日本に近いウラジオストクには極東連邦大学の日本語学科があり、多くの卒業生を輩出していることから、日本語学習者がロシアの他の都市よりも多いことで知られる。特に1980〜90年代生まれの彼らは日本びいきのところがあるようだ。日本で欧米文化の洗練された部分が選別されて入ってくるように、ロシアでも日本文化の優れたものだけが入る傾向がある。マンガやコスプレもその流れといえる。最近のロシアでのコスプレキャラの日本アニメ離れは、日本のサブカルの発信力が弱まっているせいだと思われるし、いまの10〜20代の話なのだろう。

「東京かわいい」のゆるカワな世界観

海外で和食レストランの数が増えているという。だが、海外の和食ブームの実態は、日本人が期待するイメージとは少し違っているようだ。世界中に広まり、受け入れられる過程でその土地ならではのアレンジや意想外な手が加わり、和食の変容=現地化が起きているのだ。だが、その方が国際的にみて〝常態〟かもしれない。そこに面白さがあるといっていいのでは。

そう思うに至ったのは、ウラジオストクにある和食レストラン「Tokyo kawaii（東京かわいい）」を訪ねたからだ。場所は噴水通りに近いセミョーノフスカヤ通りにある洋館だ。

「いらっしゃいませ」と日本語で書かれたガラスの扉を開けると、出迎えてくれたのは、白いワンピースにスタッズ付きジージャンという日本では少し古めの女の子雑誌のファッションを身につけたウェートレスと蝶ネクタイのボーイのふたり。彼らは胸に自分の名前を書いた子猫のワッペンを付けている。天井にはおもちゃのようなシャンデリアが吊るされ、ゆるカワ風イラストが描かれている。これが「東京かわいい」ということなのか。

では、肝心のお味のほどは……。メニューを見ると、看板料理はドギツい色をしたカリフォルニアロールの数々。麺類もあったが、日本人には正直おすすめできないと言わざるを得なかった。

この一見残念な話の背後に、現地ならではの思いがけない事情がある。「こうなるのは仕方がない」と都内のロシア料理店でシェフを務めるロシア人は言う。「日本人から見ると邪道でしょう。理由ははっきりしていて、まずロシアでは米は中国産。ロシア人シェフはおいしい炊き方を知らないし、鮮魚のさばき方もわからない。これでうま

右／ウベージシェ14はウラジオストクで最初の海外コミックショップ。日本のマンガのロシア語版も揃っている　中／オーナーのサーシャさんは、ただ売るだけでなく、コミック出版を計画中　左／ご当地寿司のチーズ入りロール、うなぎ巻きなどのセットメニューは750ルーブル（約1300円）

い寿司など望めないのは当然」

現状において彼らは「本物」を求めているわけではない。ウラジオストク市内にはこの店と同じ系列の「トキオ（Токио）」グループ店が7軒、日本人はまだ少ないウスリースクや、かつてシベリア横断鉄道の始発駅があったナホトカにまで出店している。なんちゃって日本レストランが増殖中なのだ。

なぜこの種のレストランが人気なのだろうか。和食の物珍しさや日本への好感度以外にも、もうひとつの理由として、外食文化の経験の浅さがあるといえそうだ。１９９０年代のソ連解体後、経済的苦境に陥ったウラジオストクで今日のような外食文化が始まったのは、10年前くらいからという。ここ数年、レストランがぐんと増えてきたものの、外食となると味より話題性や派手な趣向を好むらしい。

日本はまだ近くて遠い国

実際、この店では、夏の暑い盛りに戦国武士の甲冑《かっちゅう》を身に着けた客引きを店の前に立たせていたほど。これが奇をてらった演出というより、日本文化を表象するアイコンとして受け入れられている。ロシア人にとって日本はまだ近くて遠い国なのだ。

店内にあふれる各種癒やし系アイテムすら、海外のアート表現のひとつのように捉えられているふしがある。「かわいい」も日本固有の文化として、これまでロシア人が知らなかった美的表現のひとつなのだ。実際、この店の客層はお金に余裕のある人たちで、品のいい若い女性やカップルが多い。ここが地元でハイソな人気スポットとみなされているのは確かなのだ。

これはウラジオストクという辺境の地方都市ゆえの過渡的な現象なのだろうか。和食の海外進出の歴史を振り返ると、１９８０年代のアメリカ西海岸におけるヘルシー志向の巻物寿司ブームが牽引した欧米ルートと、90年代の円高とともに日本企業と一緒に外食チェーンが渡ったアジアルートのふたつの潮流がある。ジェトロが２０１４年に実施した「日本食品に対する海外消費者意識アンケート調査」によると、モスクワで「好きな外国料理」として「日本料理」が1位に選ばれたという。ウラジオストクの和食ブームも実はモスクワ発なのだ。

西海岸で生まれたカリフォルニアロールは、大西洋を渡ってヨーロッパに広がり、ようやくシベリアの果てにたどり着いたのである。そう思うと、感慨深いといえなくもない。

各シートに癒やし系クッション、テーブルにはピンクの箸袋が置かれている。この店では、彼らの自由なイメージをとことんふくらませた「Tokyo」が演出されていて、地元のウェイターやウェートレスもコスプレ感覚で接客を楽しんでいるようだ

ウベージシェ 14　Убежище 14
https://www.instagram.com/vault_14

東京かわいい　Tokyo Kawaii
https://tokyo-bar.ru

COLUMN 5

ウラジオストクでスポーツ観戦するなら サッカーとアイスホッケー

2018年夏に開催されたFIFAワールドカップ・ロシア大会は、観戦に訪れた多くの外国客のロシア・イメージを大きく変えたといわれる。荒くれ者とマフィアが暗躍する、従来の〝おそロシア〟なイメージは、スタジアムに訪れた若いロシア人サポーターたちの陽気でフレンドリーな応援風景によって見事に裏切られたといっていい。外国客に対する彼らの無邪気な歓待ぶりも、代表チームが準々決勝進出という予想外な躍進ぶりに気をよくしたからだけではないだろう。いまのロシアの若者は、ソ連時代とは違う自由な教育を受けた新世代なのである。

そんなわけで、バレエや音楽もいいけれど、ウラジオストクに来たら、地元のサッカーチームの試合を見に行ってはどうだろう。

ウラジオストクにはロシアプロサッカーリーグ2部に属するルチ・エネルギアというチームがある。ホームスタジアムは、スポーツ湾に面したディナモ・スタジアム。このスタジアムの建設は日本人シベリア抑留者が従事したという歴史もあるのだが、平日夜か週末の午後に行われる試合を見に行くと、観客席の端っこの一角に100人くらいの地元サポーターの集団がいて、必死に応援している様子を見られる。ロシアのプロサッカー、しかも2部でもあり、レベルはそこそこの感じだけれど、海外での観戦気分に浸れることは確か。

試合のスケジュールは、スタジアムの正面玄関に貼り出されている。チケットは250ルーブル（約400円）ほどなので、日程が合えば誰でも気軽に観戦できる。地元のサポーターと一緒に歓声を上げるのも、楽しいひとときだろう。ただし、ロシアでは野外の飲酒はNGなので注意。

もうひとつのプロチームが、ロシアを代表する人気スポーツのアイスホッケーだ。地元のアドミラルというチームは、ロシアスーパーリーグを中心にフィンランドやベラルーシ、カザフスタン、中国など7カ国が参加するプロリーグ、コンチネンタル・ホッケー・リーグ（KHL）に所属している。このリーグでは東西のコンファレンスに分かれ、シーズン中は定期戦を行い、上位チームがプレーオフに進む。アドミラルは上位に食い込むほど強くはないようだが、ロシアのアイスホッケーはさすがに迫力がある。スタジアムは、市内から空港方面へ車で約30分離れた場所にあるフェティソヴ・アリーナ。チケット予約はネット購入できないので、現地購入になるだろう。

ロシアのプロサッカーチームはあの広い国土を各地に遠征しなければならないので移動が大変だと聞く

ウラジオストク郊外のアイスホッケースタジアムの入り口前には地元チームアドミラルの人気選手のポスターが並んでいる

ディナモ・スタジアム　Стадион "Динамо"
http://dinamo-prim.ru

フェティンヴ・アリーナ　Фетисов Арена
http://hcadmiral.ru/arena

ロシア正教会のミサはとても神秘的
日曜の朝は近所の教会に足を運んでみよう

日本海に面したウラジオストクがロシアの町であることを最も視覚的に印象づけているのは、市内各地に点在しているロシア正教会だろう。ロシア正教は、東ローマ（ビザンチン）帝国の国教だったキリスト教東方正教（ギリシャ正教）に属する独立教派のひとつ。タマネギ型の半円ドームを頭にいただくユニークな建築様式が特徴的で、ビザンチン建築の流れをくむものだ。屋根の上の十字架の形状はカトリック教会とは違い、よく見ると十字の上と下に短い横棒が加えられている。

ロシア正教成立とその歴史

ロシア正教の成立は、11世紀半ばにさかのぼる。1054年にキリスト教世界がローマを根拠とする西方の教会と、東ローマ帝国の首都コンスタンチノープル（現イスタンブール）を根拠とする東方の教会に分裂した後、教皇を擁した西方教会はカトリックと呼ばれたのに対し、教義理解の正統性を主張する東方教会は「正教会（オーソドックス・チャーチ）」と称されるようになった。その後、1453年に東ローマ帝国が滅亡することで世俗的な後ろ盾を失った東方教会は、当時ロシア平原に勃興しつつあったモスクワ公国に新たな保護国を求め、1589年にロシア正教会の首座主教が総主教に格上げされ、ロシアが東方教会の盟主となった。

18世紀のピョートル大帝の時代にロシア正教会の改革が行われ、国に従属する関係となるが、帝政ロシアの成長とともに教会も発展する。しかし、1917年のロシア革命で状況は大きく変わった。宗教を認めないソ連政府は、多くの宗教指導者や聖職者を弾圧し、各地の教会も破壊された。1940年までに3万あった教会が500以下になったという。その後、1980年代に入り、ペレストロイカの時代にロシア正教は復権し、現在は事実上の国教としてロシア人の生活や人生に影響を与えている。

市内の徒歩圏内にある4つの教会

ロシア国内には、モスクワの聖ワシリー大聖堂のように、まるでおとぎの国を体現したかのようなフォトジェニックな教会もあるが、ウラジオストクにあるのは、こうした世界遺産級の有名教会の地方支部的なものがほとんど。ウラジオストクは約150年の歴史しかない新しい町なので、歴史的な重厚さや伝統は求めても仕方がない。そうだとしても、丸みを帯びた優美なシルエットが特徴の各教会のデザインはそれぞれ美しい。市内中心部にあり、徒歩圏内で訪ねられる主な教会を紹介しよう。

●パクロフスキー教会

港から少し離れた高台の公園内にある教会で、1885年に小さな礼拝堂として建てられたのが始まり。1902年に石造りの聖堂になった。ソ連時代の1935年に壊されたが、2007年に現在の教会が再建された。夕方に丘の上から鳴り渡る鐘の音は哀愁がある。ライトアップされた夜の姿も美しい。

●アンドレイ教会

ニコライ2世凱旋門のすぐ下にある。隣に第二次世界大戦の戦没者を悼む火が燃えている。目の前に港が広がる周辺は新婚カップルの記念撮影場所としても人気。教会内には地元の信者もいるが、観光客の姿も多い。

●ウスペーニア教会

金角湾大橋のたもとにある緑色の鮮やかな屋根が映える。ライトアップされた夜も美しい。曜日によって時間が異なるが、毎日ミサが行われ、子供が洗礼を受ける儀式を見ることもある。

●カザンスキー教会

ウラジオストク駅からトカレフスキー灯台方面に少し離れた場所にある。敷地内には花壇があり、聖堂の前に独立した鐘楼がある。これを見るとわかるが、ロシア正教会の鐘は大小たくさんあり、楽器を演奏するようにさまざまな音色を奏でるのが特徴だ。しかも、相当長い間鐘を鳴らしているので、近くにいると少しうるさいと感じるかもしれない。この教会の建築は、正面に柱が並ぶネオクラシック様式を簡素に採り入れたもの。モスクワやサンクトペテルブルクに同様の立派な聖堂があるが、ウラジオストクでは珍しい。

カトリックやプロテスタント教会もある

19世紀後半から20世紀初頭にかけて、ウラジオストクにはロシア系住民や日本人以外にも、ドイ

右／金色とブルーの屋根が陽光を浴びて輝くパクロフスキー教会　中／ウラジオストクでは初期に建てられたウスペーニア教会（ただし、現在の聖堂は再建されたもの）　左／ロシア正教とは違い、プロテスタント系のルーテル教会では、堂内で楽器演奏できるので、よく演奏会が開かれる

ツ人やチェコ人、ポーランド人、ユダヤ人などの外国人が住んでいたことから、カトリックやプロテスタントなどさまざまな宗派の教会やユダヤ教会堂のシナゴーグもある。ただし、現在はそれらの外国人はほとんどいないため、教会は残っているものの、宗教活動はそれほど盛んではない。そのひとつが、1909年にドイツ人の建築家によって建てられ、オルガン演奏会なども開かれるプロテスタント系のルーテル教会（P122）で、天に向かって槍のような尖塔《せんとう》が建つゴシック建築が特徴だ。1921年にポーランド人らの手で建てられたカトリック教会も残っている。

今日ロシア人の多くはロシア正教を信仰している。現在、港に面した中央広場の脇に新しいロシア正教会が建設中で、完成後は最もロケーションのいい場所に建つことから、この町の顔となるだろう。

ロシア正教のミサの作法

もしウラジオストクで日曜の朝を迎えたら、近所の教会のミサに足を運んでみてはどうだろう。堂内の中央に立って祈りを捧げる神父と揺れるロウソクの灯火、厳かな賛美歌と振りまかれるお香の匂い……。ロシア正教のミサはとても神秘的だ。地元の信者たちが真摯《しんし》に祈りを捧げる光景は、映画でも見ているような気分になるかもしれない。

ひやかしにいくのは失礼な話なので、ロシア正教のミサの作法を述べておこう。まず服装だが、男性は半ズボンのようなラフな格好はNG、着用した帽子は脱いでから入ること。女性はスカーフで頭を隠さなければならず、露出の多い服装は避けるべき。堂内に入るとき、十字を切っておじぎをすること。

カトリック教会と違い、ロシア正教では信者が座る椅子は基本的になく、ミサの間はずっと立っていなければならない。賛美歌もオルガンなどの楽器は使わず、肉声のみで歌われる。それが神聖な雰囲気をさらに盛り上げている。

しばらくして目が慣れてくると、堂内の壁の至るところに聖書の物語の登場人物や聖人を描いたフレスコ画や、木の板に聖人を描いたイコンが飾られていることがわかるだろう。ロシアではイコンは教会だけでなく、職場や学校、家庭にも置かれ、生活に溶け込んでいるといわれるが、1枚1枚のイコンにどれだけの思いが込められているかと思うと、気が遠くなるような心持ちになる。

こうした日本の普段の生活では味わえない、非日常の感覚を体験できるのがロシア正教会のミサなのである。

ロウソクを買い、火をともしながら祈りを捧げる信者たち。
女性たちは頭にスカーフを巻き、目を閉じて十字を切る

パクロフスキー教会 Покровский кафедральный собор
http://pokrovadv.ru/

アンドレイ教会 Чесованя Андрея Первозванного
http://urajio.com/item/0546

ウスペーニア教会 Храм успения божией матери
http://vladhram-uspenie.ru

カザンスキー教会 Казанский храм
http://xn--80aaa0aggcdvf0bi9c.xn--p1ai

ロシア正教会の聖堂は天井が高くドーム状になっており、天井から大きな燭台が吊り下げられている。賛美歌の歌声が空から降ってくるように聞こえる

ロシア版スローライフを満喫したい
郊外の貸し別荘でダーチャをプチ体験する

夏がくると都会を抜け出し、郊外の菜園付きコテージの庭先でサモワールにお茶をわかし、のんびり過ごす。それは、自然を愛するロシア人が長く好んできたスローライフのスタイルで、「ダーチャ」と呼ばれる。

ダーチャの起源は、17世紀後半のピョートル大帝の時代で、皇帝自ら率先して堅苦しい宮廷を抜け出し、自然あふれる郊外に別荘を建て、周囲の森を散歩したり、ピクニックをしたり、ボートに乗ったりして優雅に過ごすというものだった。やがて庭でガーデニングや菜園づくりを始めるようにもなった。こうして当時の貴族はダーチャに夢中になったが、それは彼らだけの特権的な休暇の過ごし方だった。

定年後にダーチャに移り住む

ソ連時代を経て、一般市民もダーチャを持つことができるようになり、今日のロシア人の中には毎年5月から10月までダーチャで過ごす人たちもいるという。もっとも、生活の現代化や都市化、モータリゼーションが進んだことから、平日は都会で働き、金曜の夕方に車でダーチャに向かい、週末は野菜づくりや友人を呼んでBBQパーティーを楽しむなどして、週明けには自宅に戻る人が多い。定年後に都会の家を売り、郊外のダーチャに生活の場を移す人たちもいる。

ウラジオストク郊外のシンハドンという人里離れた場所に暮らす老夫婦がいる。ユーラさんとリューダさんご夫妻は、退職後の今から10年前にこの地に移り住んだ。自宅用のコテージと市内で旅行会社を経営する息子家族のためのコテージを建て、自分の食べるものは自分でつくるという悠々自適の田舎暮らしを続けている。

コテージは白樺林に囲まれ、野菜農園やハチミツを採るための養蜂場、牛やブタ、鶏を飼う家畜小屋、そしてロシア風サウナのバーニャ小屋もある。小屋の前には池があり、冬に利用するときは、

バーニャでほてった体を冷ますため、凍った池に飛び込むのだという。

ふたりは2週間に一度くらい町に出かけ、自分たちのつくったチーズやタマゴ、ハチミツなどを販売している。ウラジオストクには車で2時間ほど、生活に必要なものはそのとき買い込む。

リューダさんによると、この土地でとれるハチミツは季節によって咲く花の種類が違うことから、時期で変わる。6月に白い花を咲かせる菩提樹《ぼだいじゅ》はリラックス効果のあるハーブとして知られているが、1年の最初に採れるのがこれ。7月から8月にかけてはコテージ周辺に花々が咲き乱れるので、さまざまな草花のミツが採れる時期。珍しいのは、数年に一度しか採れないというハリギリという山菜のタラの芽に似た植物の花で、菩提樹のミツの色より濃くて、香りも強い。

ロシア人にとってハチミツはハーブや漢方薬のように効能を確かめながら、どの植物から採れたものかで選ぶ。せき止めや便秘解消、安眠、スキンケアにも効果があるといわれる。ハチミツはロシアのスローフードの代表的な産品なのである。

「ロシアの田舎暮らしへようこそ!」

リューダさんは息子の提案で、数年前から普段は空いているコテージを貸し別荘とすることにした。「ロシアの田舎暮らしを多くの人に体験してもらいたい」と話す。

貸し別荘の1日は、リューダさんの手づくり朝ごはんで始まる。食後は農園の散策や家畜小屋を訪ね、果樹園の続く小道を歩く。ミツバチの巣箱がたくさん並んでいる養蜂場で、新鮮なハチミツを採取する様子も見学する。広い庭には遊具もあって、子供も遊べるし、裏手の山の展望台まで約1時間の林道ハイキングもできる。

戻ってきたら、いよいよお昼ごはんのためのペリメニづくりが待っている。ロシア風水餃子のペリメニは、小麦粉と塩、水を合わせてこねた生地と肉のあんを用意し、しばらく寝かせておいた生地を適量ずつ細長くのばす。小口切りにした生地を小さなめん棒で薄くのばし、あんを包む。この包み方が餃子と違って小ぶりで上品だ。包み終わったら、お湯でゆでて、アツアツをいただく。

郊外にコテージがない人たちも手軽にダーチャを体験できることから、この貸し別荘は地元のロシア人にも人気だという。特に小さな子連れの家族がのんびり休暇を過ごすのに喜ばれている。

リューダさんは「この貸し別荘は日本の方も大歓迎」と話している。車の手配もあるので、下記連絡先に問い合わせていただきたい。

右／まるで「大草原の小さな家」の舞台のようなコテージ。家の周囲でトマトやトウモロコシ、ジャガイモなどを育てている　中／ご夫婦と一緒にペリメニづくりが体験できる　左／極東ロシア産の菩提樹のハチミツ。質の高さは定評がある

シンハドン　Синхандон

ロシアの地図には一応地名は載っているが、周辺にはほぼ住民はいない。白樺林の中にある一軒家にこの夫婦は暮らしている。この貸し別荘の問い合わせ先はLucky Tour（vladivostok@luckytour.com　日本語可）へ。

特別寄稿

ウラジオストクで本格的な音楽を体験する方法

ロシア国立ウラジオストク極東芸術大学音楽学部　志村麻衣

ウラジオストクでは1年を通じて数多くの音楽公演やイベントが開催されている。極東芸術大学音楽学部に在籍している志村麻衣さんに、誰でも気軽に体験できる音楽の楽しみ方を紹介していただいた。

ロシア国立ウラジオストク極東芸術大学音楽学部で声楽研究生として在籍し、主に歌曲やオペラなどロシア音楽について学んでいます。ウラジオストクに住んで今年で3年目となりました。音楽学部の日本からの留学生は私ひとりだけですが、先生方や友人たちに支えられ、日々勉学に励んでいます。まだまだ勉強中の身ですが、ウラジオストクで出会えるさまざまな音楽についてご紹介します。

フィラルモニア音楽ホール

ウラジオストクで本格的な音楽を楽しみたいのなら、マリインスキー劇場沿海地方ステージ（P42）かフィラルモニア音楽ホールがおすすめです。

マリインスキー劇場沿海地方ステージは2012年に沿海地方オペラ・バレエ劇場としてオープンし、2016年にマリインスキー劇場の支部となりました。ウラジオストクのマリインスキー劇場のオペラの見どころは、本場サンクトペテルブルクのマリインスキー劇場と同じ衣装、演出、舞台装置がそのままに楽しめるところです。夏には世界的指揮者ヴァレリー・ゲルギエフ主導のもと「マリインスキー極東音楽祭」が開催され、ロシア最高峰の音楽を堪能することもできます。

フィラルモニア音楽ホールは、ウラジオストクのメインストリートであるスヴェトランスカヤ通りにあるコンサートホールです。1939年に創立され、1980年にいまの場所にオープンしました。フィラルモニア音楽ホールもマリインスキー劇場と同様に、オーケストラ（沿海州立太平洋交響楽団）と専属ソリスト（ピアニスト、ロシア民族楽器奏者、声楽家など）を有し、オーケストラは2018年10月に大分県で公演を行い、好評を博しています。

3つの音楽フェスティバル

ここで特にフィラルモニア音楽ホールが力を入れている3つのフェスティバルを紹介します。

●クラシック音楽フェスティバル

【極東の春】

長い冬が終わり、日差しが暖かくなって

中央広場に面した美しいクラシック建築のフィラルモニア音楽ホール。チケットはここでも直接買える

ウラジオストクの音楽体験の中心、フィラルモニア音楽ホール。伝統的なステージと観客席がムードを盛り上げる

くる4月に行われるクラシック音楽フェスティバルです。私も2018年、このフェスティバルでプッチーニ作曲歌劇『蝶々夫人』のタイトルロールを、そして今年もコンサートで演奏させていただきました。3つのフェスティバルの中で最も長く続いていて、開催期間は約1週間続き、日替わりでさまざまな演奏を聴くことができます。

●アジア太平洋地域文化フェスティバル

秋も深まり、肌寒くなってくる10月に開催されるのがこのフェスティバルです。アジア（韓国、中国、日本など）からの演奏家たちとフィラルモニアのオーケストラ、専属ソリストたちがコラボする豪華な公演内容となっています。ウラジオストクの人々はその立地から、アジア文化や音楽に触れる機会が多く、特に日本文化や音楽はとても人気があります。日本からの演奏者をお目当てに会場に足を運んでくださるお客様も大勢います。

●国際ジャズフェスティバル

気温が氷点下になりはじめ、冬がやってくる11月には国際ジャズフェスティバルが開催されます。アジアからはもちろん、ドイツ、ポーランド、フランスなどのヨーロッパ、アメリカからも演奏者が招かれます。2018年で15回目を迎えた大人気のフェスティバルで、毎年5000人以上の集客があります。会場の演出にも力を入れており、クラシックの演奏のときとは異なる陽気で都会的な雰囲気を味わうことができます。

フェスティバル開催時以外も、海外やロシア国内からアーティストを招き公演を行っており、公演内容はクラシックだけにとどまらず、民族楽器や歌謡曲のコンサート、ロックやジャズ、ミュージカル、0歳からの子供のためのミニコンサートなど多岐のジャンルにわたります。一年中、さまざまな公演を楽しむことができるのが、このフィラルモニア音楽ホールの魅力です。

公演を楽しむコツ

次はこれらの公演に行くにあたり、ちょっとしたポイントやコツをお伝えします。

劇場に入るとすぐにチケット売り場があ

演奏が始まる前に軽食やスパークリングワインなど軽いアルコールを味わうのも楽しい（フィラルモニア音楽ホール）

ウラジオストク・ジャズ・フェスティバルには日本をはじめ海外からも多くのアーティストが招請されている

り、当日券やその日以外の演目のチケットを買うことができますが、私はネット購入をお勧めします。人気の演目や有名な演奏者が来る場合は早々に完売することも多々ありますし、スタッフにもよりますが、英語が通じないこともあります。マリインスキー劇場、フィラルモニア音楽ホールともに、専用サイト（Ｐ43、Ｐ１２７）で購入することができます。前もって購入しておくことで前後の予定も立てやすくなるかと思います。

　会場に向かう際には余裕をもって行動しましょう。車社会のウラジオストクは出勤時と帰宅時にはほぼ毎日渋滞が起こります。土日以外は基本的に夜公演（17〜19時開演）となっているので、帰宅時の渋滞にはまることが予想されます。公演が始まると次の休憩までホールに入れないか、最悪見ること自体ができなくなってしまいます。離れた場所から会場に向かう場合は注意が必要です。

　開演までの空き時間は劇場内のカフェで軽食をとるか、会場内を散策するのはいかがでしょうか。カフェではコーヒーや紅茶、ワインなど、デザート類やサンドイッチなどを楽しむことができます。マリインスキー劇場は市内で最も新しい劇場であり、外観はとても現代的です。ロビーには公演時の写真や舞台を模したミニチュアボックスがあり、撮影ポイントになっています。

　一方、フィラルモニア音楽ホールは昔ながらの伝統的な造りとなっています。１９03年に建てられた3階建ての屋敷を改装し、いまのヨーロッパ調のホールが造られました。開演前であればホール内で写真を撮ることも可能です。

　また公演のプログラムも販売されています。ロシア語と英語表記のプログラムになりますが、旅の良い思い出になること間違いなしです。

　公演内容で異なりますが、終演は21〜22時近くになることがほとんどです。その時間にはバスは営業を終えているため、タクシーをあらかじめ予約しておくとよいかと思います（タクシー配車アプリはＰ46）。

極東芸術大学やプーシキン劇場

　これまでマリインスキー劇場とフィラルモニア音楽ホールについてご紹介してきま

市内の無料コンサートの情報をキャッチするなら、芸術大学キャンパスの掲示板を訪ねるといい

極東芸術大学のキャンパスは市内中心部、ニコライ2世凱旋門の向かいのゴーリキー劇場前広場に面している

したが、それ以外の場所でもコンサートは盛んに行われています。

　私が通っている極東芸術大学もそのひとつです。本校ではさまざまなコンサートが企画されており、学生だけではなく教員や劇場に所属しているプロの音楽家も参加しています。そのほとんどが無料で提供されており、大学の前にある掲示板やインスタグラム、フェイスブックなどでチラシや情報を見ることができます。

　1908年に創立されたプーシキン劇場でも不定期ではありますが、よくコンサートが行われています。明治時代に芸術座の人気女優、松井須磨子が演じた劇場として知られており、現在でも海外のアーティストたちが演奏にやってきます。2018年12月にはウラジオストクで初めて能楽公演が行われ、話題となりました。チケットは劇場の1階にて販売されています。

教会や広場でも音楽が楽しめる

　イースターやクリスマスの時期には教会でコンサートやミサを聴くことができます。プーシキン劇場の近くにあるルーテル教会（プロテスタント）ではオルガン演奏や宗教曲などのコンサート、慈善行事も行われています。ロシア正教の教会では、楽器を使うことが禁じられているため、祈禱《きとう》文の朗読や聖歌はすべて無伴奏となっています。教会中に声だけが響き渡るさまは圧巻です。教会に行く際には女性はスカーフなどで髪を隠す、露出の高い服は控えるなどマナーがありますので、ご注意ください。

　プーシキン劇場や教会などのコンサート情報はネット以外に、フィラルモニア音楽ホール近くの掲示板や専用パネルにポスターが貼ってあり、確認することができます。また、祝日になると、中央広場にて特設ステージが設けられ、イベントの一環として、パレードや音楽演奏、ショーなどを楽しむことができます。ロシア人にとって祝日はただの「休日」ではなく、文字通り「祝う日」なのです。

ゴーリキー記念沿海地方アカデミードラマ劇場

　さらに私がお勧めしたい音楽以外のロシア芸術は、演劇（お芝居）です。

ゴシック建築のルーテル教会はウラジオストク国立サーカスに近い丘の上にある。音楽を聴くのに恵まれた環境にある

プーシキン劇場はケーブルカー乗り場の隣にある。演劇や演奏会だけでなく、大学の謝恩会の会場などにも使われている

ウラジオストクには極東で最古の演劇専用劇場である、ゴーリキー記念沿海地方アカデミードラマ劇場があります。多様なジャンル、レパートリーを持ち、ロシアの栄誉称号である「ロシア人民芸術家」受賞者が演出に携わっています。ロシア語での上演となっており、言葉がわからず理解できないということもあるかもしれません。しかし、本場の役者たちを近場で見られるチャンスです。言葉がわからなくても、その演技に見とれてしまうかと思います。

日本では芸術や音楽鑑賞というと敷居が高いと思われる方もいるかもしれませんが、ロシアでは散歩中にカフェに立ち寄るような気軽な感覚で誰もが劇場に足を運びます。それだけロシア人にとって芸術は身近なものであり、生活の一部となっているのです。ウラジオストクに訪れた際には、そんなロシア人になりきって気軽に芸術や音楽に触れてみてはいかがでしょうか。

日本との芸術交流も盛ん

最後にもうひとつ、ウラジオストクでは日本との芸術交流が盛んです。留学生である私は、日本の演奏者が来られた際、通訳として携わっています。初めて通訳したのは、日本とウラジオストクの合唱団、沿海州立太平洋交響楽団が共演したコンサートでした。ロシア人の合唱団に日本語の歌詞指導をさせていただいたのは貴重な体験でした。日本人の作曲者自ら指揮を振り、約80人にもなる日本とロシアの大合唱団で、オーケストラが奏でる音楽は大迫力でした。このコンサートで演奏された楽曲はロシア初演となる記念すべき公演でした。

今年2月のファルハング・グセイノフ作曲のオペラ「光太夫」の公演もそうです。江戸時代の船頭、大黒屋光太夫の史実に基づいてつくられた作品で、２０１８年度の日露文化交流事業「ロシアにおける日本年」の一環でした。これはモスクワで初演されたものですが、旧ソ連の音楽家たちと親交が深かった日本人オペラ歌手の青木英子さんが脚本を手がけており、「日露友好の架け橋」として両国の歌手によって演奏され、メディアに取り上げられました。

ウラジオストクでは、クラシック音楽だけではなく、箏や三味線、和太鼓などの日本の伝統楽器の演奏、歌舞伎や能楽といっ

ゴーリキー記念沿海地方アカデミードラマ劇場は1000人収容可能の大ホールと100人収容可能の小ホールがある

革命戦士の像が立つ中央広場はこの町のイベント会場。広場に臨時で開設されたステージが演奏会場になる

た伝統芸能、落語などの公演も盛んです。さらに、国際ジャズフェスティバルには毎年、日本人ジャズ奏者が参加しています。出演者は毎年変わりますので、とても楽しみです。

このようにウラジオストクでは楽しく、また記念すべき多くの公演に立ち会うことができ、さまざまなジャンルの演奏や舞台を見られるチャンスがあります。何よりうれしいのは、チケットの値段が日本よりもずっとお手頃なことです。

光栄なことに、私は最近、ウラジオストク市内の劇場や大学でオペラやコンサートに声楽家として出演させていただいています。実は先ほどのオペラ「光太夫」ではエカテリーナ2世役として出演させていただきました。4月には、極東芸術大学コンサートホールで、チャイコフスキー作曲、プーシキンの散文詩の傑作を原作にした歌劇「エフゲニー・オネーギン」のタチヤーナ役を演じさせていただきました。

もしかしたら、日本から訪れたみなさまと劇場でお目にかかることもあるかもしれません。ぜひウラジオストクでさまざまな芸術体験を楽しんでいただければ幸いです。

志村麻衣

ロシア国立ウラジオストク極東芸術大学音楽学部、声楽研究生。ロシアオペラ・歌曲を中心に研究している。グセイノフ作曲・歌劇「光太夫」エカテリーナ２世役、チャイコフスキー作曲・歌劇「エフゲニー・オネーギン」タチヤーナ役、その他オペラ公演に出演。外務省認定事業「日本におけるロシア年」ではコンサート等で演奏を行う。「最初はロシア人の前で歌うことに緊張しましたが、場数をふませてもらうことで慣れてきました。ウラジオストクは劇場が身近にある町です。ぜひいらしてください」

フィラルモニア音楽ホール
Приморская краевая филармония
https://primfil.ru

プーシキン劇場　Пушкинский театр ДВФУ
https://vk.com/pushkinskiyteatr

ウラジオストク極東芸術大学
Дальневосточный государственный институт искусств
http://www.dv-art.ru

ウラジオストク・ルーテル教会
Евангелическо-лютеранская церковь Святого Павла
http://www.luthvostok.com

ゴーリキー記念沿海地方アカデミードラマ劇場
Приморский академический краевой драматический театр им. М. Горького
http://gorkytheater.ru

COLUMN 6

この日ばかりは町が一変！ 主なイベントと記念日

ウラジオストクでは１年を通じてさまざまな祝日やイベントがある。
多くの市民が町に繰り出し、祭りを楽しんでいる。

●1月7日　ロシア正教クリスマス（ロシア旧暦でのキリスト降誕祭）

●2月～3月　マースレニッツァ（古代スラブの春祭り。ブリヌィを食べて祝う）

●2月下旬　ウラジオストク国際アイスラン（P40）

●4月中下旬　クラシック音楽フェスティバル「極東の春」（P122）

●4月～5月　コスプレフェスティバル「Animate It!」（P110）

●5月9日　戦勝記念日

第二次世界大戦の戦勝記念日。毎年9時より戦車や軍人のパレード。噴水通りや海辺通りで演奏会、夜は中央広場でコンサートや花火大会が開かれる。

戦勝記念日はドイツ軍との戦争の勝利を祝う日

●6月下旬　ウラジオストク音楽フェスティバル「V-ROX」

ロック系の音楽フェス。スポーツ湾のビーチがメイン会場になる。開催時期や参加ミュージシャンについてはhttp://vrox.org（P18）

●7月2日　市制記念日

ウラジオストクの誕生日。7月の第１土曜には民族衣装やドレスのダンスやパレードが繰り広げられる。

●7月最終日曜　海軍の日

海軍のお祭りで、見ものはスポーツ湾で繰り広げられる戦艦のショー。コンサートも行われる。

●9月上旬　ウラジトストク国際映画祭　スポーツ湾に面したオケアン映画館をメイン会場として開催。市内のホテルや劇場、博物館などで関連イベントもある。出品作品の上映や国内外の監督、出演者らによるトークショーなどもある。日本の映画関係者や俳優たちも招かれることが多い。

●9月第４土曜　ウラジオストク国際マラソン（P96）

●9月第４日曜　「トラの日」パレード（P96）

●10月中旬～11月　カニフェスタ

市内のシーフードレストランで開催。レストランはパシフィック・ロシア・フード（P52）の提携店で実施している。

「トラの日」は１年で最も盛り上がるイベントで、市民参加のパレードがある

●11月中旬　ウラジオストク国際ジャズフェスティバル（P122）

●12月下旬　バレエ「くるみ割り人形」連続上演

「くるみ割り人形」はチャイコフスキーの３大バレエのひとつ。クリスマスイブの夜の物語のため、年末年始はマリインスキー劇場沿海地方ステージ（P42）で連続上演される。

●12月31日　カウントダウン

ウラジオストクのカウントダウンのイベントは中央広場で行われる。派手な電飾ツリーや屋台も出て、花火も上がる。市内のバーは朝まで営業し、クラブもイベントで盛り上がる。

Chapter 6

ロシアの東方進出×日本とのゆかり

極東ロシアの歴史を訪ねる

ウラジオストクが誕生したのは1860年。わずか約150年ほどの歴史しかない新しい都市だ。ロシア人がこの地を訪れるまでには、先住民族が暮らし、古代王朝の興亡もあった。1903年のシベリア横断鉄道の開通は、世界史を塗り替える大きな意味があり、その後の日本とロシアの関係を複雑にし、悲劇も生んだ。だが、忘れてはいけないのは、同じ時期の20世紀初頭に多くの日本人がこの町に暮らし、事業を営んでいたこと。時代は先祖返りしているのだろうか。

日露の関係をひも解くヒストリーウォーク

なぜこんなに近くにヨーロッパの町があるのか？

なぜ日本からこんなに近い場所にヨーロッパの町並みが広がっているのだろうか？

あらためて考えてみると、不思議な話である。中国の東側にあって、日本より時差が1時間早いというのだ。もちろん、これから説明するように、そうなる歴史が実際にあったからというのが理由だが、灯台下暗しといえばいいのだろうか。どうして私たちはこれまでずっとウラジオストクのことを気に留めないでいたのだろう。

9000kmのかなたから来たロシア人

そんな素朴な疑問を解き明かすためにも、ウラジオストクのいくつかのスポットを訪ねてみたい。

日本海に面したロシア沿海地方には、もともとロシア人ではない人々、いわゆるツングース系の先住民族が住んでいた。彼らの大半はツングース系の民族で、多くはタイガの深い森の中で暮らしていた。中国の歴史書にも登場する古代王朝も興亡を繰り返してきた。つまり、ロシア人はこの地域では新参者といえる。彼らがこの地に姿を現したのは、日本海やオホーツク海周辺を船で探検し始めた18世紀頃からで、自国の領土として住み始めたのが19世紀の半ばになってからである。こうしたロシア人とそれ以外の先住民たちの歴史については、アルセーニエフ記念沿海地方博物館（P132）で知ることができる。

冒頭の問いを考えるうえで、距離の克服の問題がある。日本から9000km以上も離れたユーラシアのかなたからロシア人たちは数百年をかけて東進してきた。それは鉄道も飛行機もない時代に始まっている。想像を絶する話ではないだろうか。結局、20世紀になって世界最長の鉄道が敷かれたことで、それは本格的に実現した。シベリア横断鉄道の始発点としてのウラジオストク駅の歴史（P138）を知る必要があるのはそのためだ。

今日ロシア連邦と呼ばれる国は、20世紀の大半をソビエト連邦という社会主義圏のリーダーとし

て歩んできた。ところが、１９９１年のクリスマスにこの巨大な連邦は解体してしまい、その後、政治経済的な苦境に陥った。私たち日本人にとってお隣の国であったロシアのことを長く気に留めずにいた理由のひとつは、米ソを中心とした冷戦構造があったからといえるが、それから30年近くたち、彼らはずいぶん落ち着きを取り戻しているように見える。その様子は、いまのウラジオストクを訪れるとわかるだろう。

では、ソビエト連邦とはどんな国だったのだろうか。その片鱗を垣間見ることができる場所がいくつかある。本書では、そのひとつとしてソ連時代の古い自動車を多数展示しているクラシックカー博物館（Ｐ１３７）を紹介している。

実をいえば、ソ連時代のウラジオストクは軍事都市として、外国人の訪問はもとより、一般ソ連国民でさえ、自由な立ち入りを禁じていたほどだった。これでは私たちが関心を持とうにも無理があったといえるが、軍事都市の名残（Ｐ１４２）はいまでもたくさん残っている。市内にはいくつかの軍事歴史博物館があるし、要塞や砲台といった元軍事施設が残っていて、いまでは観光客に開放している場所もある。これらを訪ねると、ソ連という時代のことが少しわかってくるかもしれない。そして、それらの存在が日本とは決して無縁でないことも知るだろう。これまで日本とロシアは幾度も戦争をした。歴史全体からみれば、わずかな期間のことだったけれど。

この地にロシア人が暮らすようになって約１５０年にすぎないとはいえ、ウラジオストクには歴史的、文化的な著名人が多くいたことは、この町のあちこちで見かける銅像（Ｐ１４６）から知ることができる。意外な人物も含まれるだろう。

もしかしたら、最も意外に感じるのは、いまから１００年前、この町に６０００人近い日本人が暮らしていたという事実（Ｐ１４８）かもしれない。ウラジオストク市内には、日本にゆかりの場所がたくさん残っていて、その歴史を研究しているロシア人もいるほどだ。

これらの話については、詳しくは本章を読んでいただきたい。基本的にほぼ歴史の話なのだが、日本とのつながりや因縁がずいぶんあることを知るだろう。そこにはいい話もあれば、悪い話もある。歴史とはそんなものだ。

ロシアの人たちが日本海に面した対岸の土地に姿を現すようになったそのときから、私たちと彼らが交わる運命は始まっていたのだ。だとしたら、これからの将来をどうするかじっくり考えるためにも、ひとまずこれまでの１５０年間のことの次第をざっと頭に入れておくことにしよう。

右／駅から北に延びるアレウーツカヤ通り。左手の建物はアルセーニエフ記念沿海地方総合博物館　中／先住民族のウデゲ人は、清朝と交易していたので、満州族の旗袍（チーパオ）を身につけていた　左／地図の南北を逆さにしてみると、日本と極東ロシアがどれほど近いかわかる

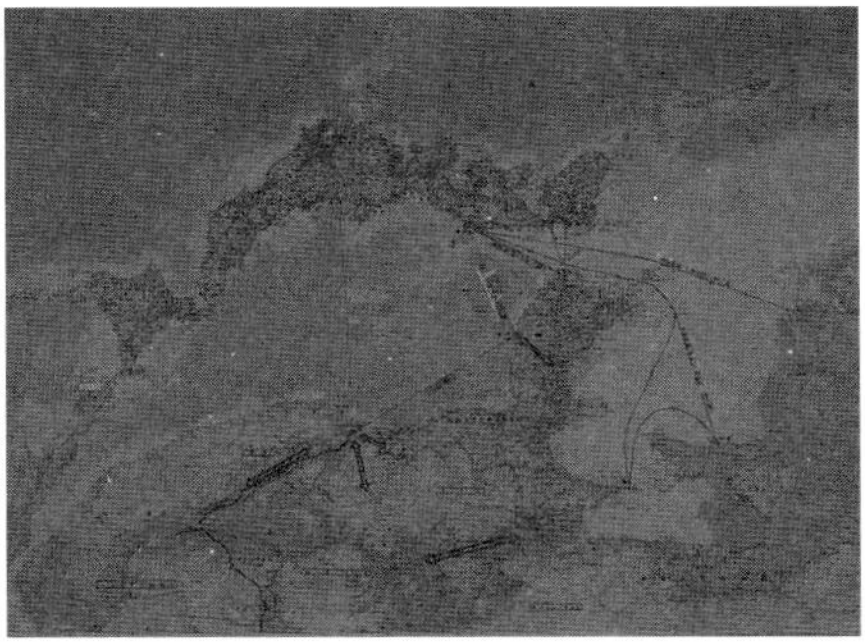

アルセーニエフ記念沿海地方博物館を訪ねる

かつて多民族が共生していたウラジオストクの来歴を知る

ウラジオストクというロシアの地方都市がこの地に存在する理由と今日に至る来歴を理解したいと思うなら、この博物館に来て時間を過ごすことに尽きる。

アルセーニエフ記念沿海地方博物館は１８９０年に開館し、１９４５年にロシア極東地方の探検家、人類学者として知られるウラジーミル・アルセーニエフ（１８７２〜１９３０）の名を冠した博物館となった。沿海地方の自然や歴史をテーマとする総合的な博物館で、この地方で出土した石器や古代の土器、かつて存在した渤海《ぼっかい》や金の遺跡に眠っていた仏教彫刻、ツングース系の先住民に関する素朴な生活用具、20世紀初頭にウラジオストクに住んでいた日本人や中国人に関する展示などに特徴がある。

近代文明と先住民との交流の物語

サンクトペテルブルク生まれのウラジーミル・アルセーニエフは、１９００年代より沿海地方の北東部にある当時の未開の地、シホテアリニ山脈周辺を探検隊を率いて調査した。今日世界自然遺産に登録されているこの地域は、タイガの森が広がり、ヒグマやトナカイ、アムールタイガー、ヒョウなどが生息し、ツングース系の諸民族が狩猟生活をしながら暮らしていた。

その探検の記録である著書『デルス・ウザーラ』には、彼が森で偶然知り合った先住民ナナイ人の猟師デルス・ウザーラとの交流が描かれる。近代ロシア人と未開とされた先住民族の関係をテーマとしたこの物語は、ロシア沿海地方が今日の姿に至る経緯を双方の立場から描いている。１９７５年に公開された黒澤明監督作品「デルス・ウザーラ」の主人公は、アルセーニエフであり、デルス・ウザーラである。この作品は、同年モスクワ国際映画祭で金賞を受賞している。

だが、この地域の歴史は、当然のことながら、ロシア人が主人公となる19世紀半ば以前から存在

していた。それをたどることができるのが、この博物館の面白さといえる。

館内は1、2階が常設展示で、3階は企画展示のコーナーとなっている。以下、1階の部屋から順番に見るべきポイントを確認していこう。

古代王朝の遺跡の出土品の数々

驚かされるのは、1階の入り口近く左手の最初の部屋が、現在の中国東北地方から北朝鮮北部、そしてウラジオストクを含むロシア沿海地方にかけて王朝を打ち立てた渤海《ぼっかい》（698〜926）や金（1115〜1234）の展示であることだ。渤海は唐の影響を受けた仏教国で、奈良・平安時代の日本とも交流があり、200年間近く渤海使が日本とこの地を船で往来していた。つまり、ロシア人の現れる1000年以上前から極東地域と日本は関係があったのだ。

展示されるのは、中国国境に近い渤海のひとつの都（東京龍原府）の周辺にあった8世紀の仏教寺院の屋根の装飾や仏像、ウラジオストクの北東にあるチュグエフスキー地区で発見された渤海貴族の墓からの出土品、唐時代の青銅鏡など。ロシアの博物館でありながら、渤海やのちに大清帝国を興す満州族（女真族）が築いた金など、ロシアとは無縁の王朝の展示から始まるところがユニークといえる。

これら中国の歴史書に登場する王朝の遺跡の発掘は、ロシア科学アカデミー極東支部の研究者によって長く続けられ、渤海文化の偉大さや豊かさを明らかにしてきた。主な渤海遺跡は、中国国境に近い町クラスキノやハンカ湖の南東部に位置するラズドリナヤ地区にあった。

別の部屋には、はるかに時代をさかのぼった石器時代（3万5000〜3000年前）や青銅器時代（紀元前2000〜500年）の出土品など、この地域の考古学的資料が展示され、西洋人が地球上で最後に発見した極東地域も古来人類の足跡が残されていることを確認できる。

先住民族の衣装や生活用具

さらに、沿海地方の先住民族のコーナーがある。ロシア人がこの地に入植した19世紀半ばには20以上の民族が生活していたといわれ、そのうち比較的大きな民族グループに属するのが、ナナイやウデゲ、オロチだった。

彼らの生活は狩猟や釣り、採集などによって成り立っていたが、ナナイはウスリー川のほとり、ウデゲはタイガの森の中、オロチは海沿いに暮ら

右／中央広場に近いアルセーニエフ記念沿海地方博物館。1904年に建てられ、1918〜24年には横浜正金銀行浦塩支店が入居していた　中／ウラジーミル・アルセーニエフの肖像。彼の住居も博物館になっている　左／ウスリースクの郊外で発掘された12世紀の金王朝の仏像

すなど、お互いに住み分けていた。

　展示には、彼らの民族衣装や歴代の中国王朝、東方進出したロシア人に珍重されたクロテンの毛皮採取の様子や魚皮のなめし、白樺の樹皮製の生活用具など、彼らの暮らしを物語る多くの展示がある。なかでもナナイ人はウスリー川のサケなどの魚の皮を加工して衣類にしていた。その珍しい風俗のデザイン的な美しさが評価され、パリのケ・ブランリ美術館で、彼らのテキスタイルをテーマとした企画展「アムール河の美学～極東シベリアの装飾アート」（２０１５）が行われたこともある。同館はヨーロッパ以外の地で生まれた文明と芸術との新しい関係をテーマに掲げた美術館である。

　その後、多くの先住民族たちは清朝との交易を通じて、満州族の民族衣装である旗袍《チーパオ》を身につけるようになる。彼らの宗教は、満州族と同じシャーマニズムであり、シャーマンの土俗的な衣装や儀式で使われる太鼓や鈴などの珍しい展示もある。

ロシアの東方進出の時代

　そしていよいよ17世紀に始まるロシアの東方進出の歴史が語られる。ロシア帝国は長くユーラシア東海岸の海の出口を求めていた。海軍のゲンナジー・ネヴェリスコイ（１８１３～76）率いるアムール遠征隊は、１８４９年にサハリンが島であることを発見し、太平洋沿岸の輪郭を初めて伝えた（実際にはその40年前、この海域を訪れていた間宮林蔵がすでに確認していたことだった）。

　展示によると、極東地域の開拓は１８６１年のロシアの農奴解放とともに本格的に始まる。農民たちは地主のいない土地へ集団で移動した。集団移動の方法は交通機関の発展により3つの時期に分けられる。すなわち、困難を極めた陸路（１８６１～81）、海路（１８８２～１９０１）、鉄道（１９０２～17）である。農民とともに移動したのがコサックだった。コサックは15世紀以降に帝政ロシアの農奴制から逃亡した農民や没落貴族が形成した軍事共同体の一員だった。さらに、これに宣教師たちが加わった。彼らは東進する人々や先住民族たちに聖書を広め、教育を与えることを使命とした。民族学的研究にも一役買った。

　彼らが軍隊とともに混然一体となって東方に移動してきたことから、現在の中国黒龍江省やモンゴル高原を領土の北端とする清朝と衝突する。その後、両国は何度も折衝を続けるが、１８４０年にアヘン戦争で清朝がイギリスに敗れたことから、ロシア皇帝はムラヴィヨフ・アムールスキー（１８０９～１８８１）を初代東シベリア総督に任命。

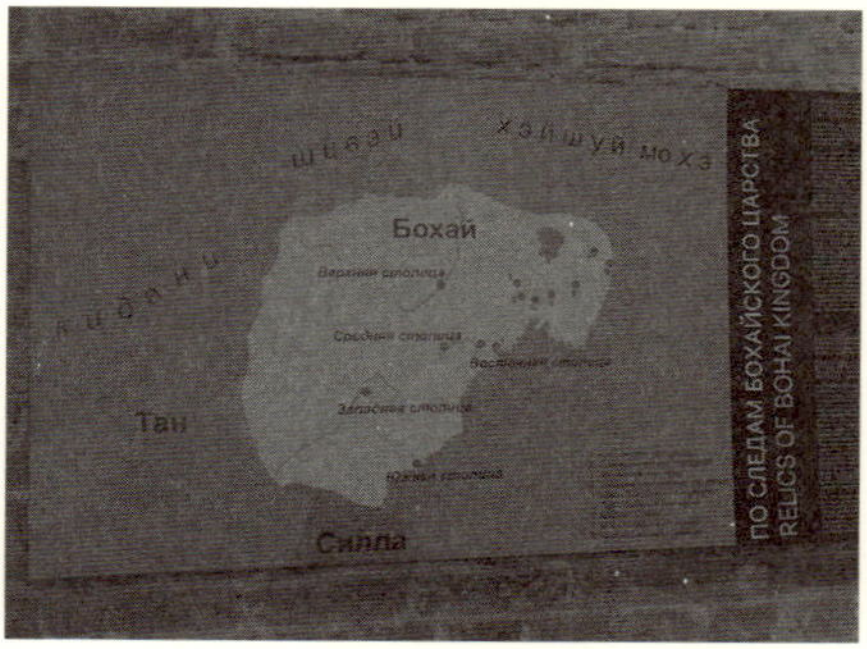

１８５８年のアイグン条約でアムール川（黒龍江）以北をロシア領に画定。ウスリー川以東の沿海地方を両国の共同管理とする（その2年後、北京条約で沿海地方を首尾よく獲得している）。

ところが、この博物館ではこうしたロシア側からみた領土獲得の栄光物語の扱いは、他の極東ロシアの博物館と比べると、それほど大きくない。代わりに、19世紀後半の海路による移民の多くがウクライナ出身であることが語られる。今日遠く離れたウクライナ文化がウラジオストクに色濃く残っているのはそのためだという。

20世紀初頭の多民族共生の時代

それ以後の展示では、ロシア沿海地方は開拓当初からさまざまな多民族が共生していたことが語られる。ウラジオストクの都市建設は、ロシア人のみならず、外国人による投資によって担われていたことは、１８６２年に導入した自由貿易許可証の存在でもわかる。当時、すべての希望者に期限付きで土地が譲渡され、また購入できたため、アメリカやドイツ、ポーランド、中国、日本などから事業を開拓する者が次々とこの新開地に現れた。スヴェトランスカヤ通りの一等地に建てられた現在のグム百貨店は、１８８４年にドイツ人のクンスト&アルベルス商会が開業したものだ。

沿海地方の産業発展の初期は、主に石炭や金などの天然資源の開発を通じて実施された。その後、19世紀末には漁業が盛んになり、カニやナマコなどを獲るようになり、木材の伐採も進んだ。

当時日本人も大きな役割を果たしているが、その話はあとに述べるとして（Ｐ１４８）、数の上で最大勢力は中国人だった。中国人がウラジオストクに現れたのは１８６０年代以降で、一部の富裕な商人を除くと、大半は肉体労働者や農民だった。彼らは市内中心部の一角に集住しており、「ミリオンカ」と呼ばれた。当時この地区ではすべての生活必需品が揃うことから、中国人たちは外に出ようとしなかったという。いまではレンガ造りの古い住居跡が一部残っているだけだが、そこは「小さな中国」だった。

暴力と逃亡の時代

その後、ウラジオストクに暴力の時代が到来する。１９１７年12月、当時の極東ロシアの中心都市だったハバロフスクで極東全域におけるソビエト政権の成立が宣言された。ところが、翌年1月ウラジオストク港に現れたのは外国の軍艦だった。ソビエト政権打倒のシベリア出兵が始まった。

右／９世紀当時の渤海の版図を記した地図。渤海の５つの都と沿海地方に点在する遺跡発掘地を表示　中／この地域の先住民族たちは犬を飼っていたようだ　左／先住民族の生活道具や衣装、履物、装身具などの一式を展示。19世紀に入植したロシア人の生活用具の展示もある

展示によると、1918年6月29日ウラジオストクで白軍クーデターが起こり、極東ロシアは一時期、ソビエトロシアから切り離されることになる。ウラジオストクは外国軍の兵士であふれたが、1919年末には反革命軍のリーダーとなったアレクサンドル・コルチャーク司令官の軍隊が敗退する。彼は1920年にイルクーツクで赤軍に捕まり、処刑されるが、現在この地には、彼の銅像が建っている。反革命軍のリーダーという汚名はあったものの、現在では彼が若い頃、尽力した北極海探検の功績が評価されているという。

その後、極東ロシア全域は内戦状態となり、多くのロシア人がウラジオストクを去ることになった。1917年10月以降、ロシアから116万人の人々が国外に逃亡したという。「このかけがえのない損失は、ロシア社会の知的、政治的、経済的、社会的発展に影響を与え、甚大な悲劇となった」と展示の解説は結ばれている。

ロシア革命とその後の政変によって、ウラジオストクの多民族が共生していた蜜月時代は終わりを迎えることになった。反革命派のロシア人のみならず、当時最大で約6000人住んでいた日本人の多くも帰国することになる。

以上が1、2階の常設展示だが、他の部屋では随時、ユニークな企画展を開いている。

たとえば、3階では、1900年に士官学校を卒業し、ウラジオストクを訪れたウラジーミル・アルセーニエフの極東における30年間のフィールドワークで集めた植物学、地理学、考古学、民俗学関連の収集品の一部を展示している。彼の日記や写真、私物もある。先住民族による彫刻展や、モスクワのクレムリン博物館の所蔵品の一部など、外部の文物資料を特定のテーマで呼び寄せ、展示することもある。2017年にはロシア革命100周年としてレーニンをテーマにした企画展も行われていた。

100年前に先祖返りする

いまのロシアではさまざまな歴史的人物の再評価が進み、革命やソ連時代についても型どおりの理解ではなく、それぞれを歴史の一部として見直す試みが進んでいる。

今日自由港になったウラジオストクには、中国や韓国をはじめとした多くの外国人観光客の姿が見られるようになっている。100年の年月は極東ロシアを取り巻く国々や人々の暮らしを大きく変えた。いまのウラジオストクは、海外から人とモノがどんどん流れ込んできた20世紀初頭の時代に先祖返りしようとしているのかもしれない。

写真のように、ロシア人と中国人が混住している、多民族共生の歴史を物語る展示もある。ウラジオストクの都市建設とともに、日本人だけでなく、中国や朝鮮から多くの労働者が流入した。それは同時代に世界各地に存在したチャイナタウンのひとつだったともいえる

アルセーニエフ記念沿海地方博物館
Приморский Гос.Объединенный Музей им.В.К.Арсеньева
http://arseniev.org

COLUMN 7

レトロでポップな ソ連のクラシックカー博物館

新生ロシアになってまもなく30年になるが、ロシア人の中にはソ連時代を懐かしく思う世代が増えているという。一方、鉄のカーテンの向こうにいた日本人の中にも、ソ連時代の工業製品や文化現象を新鮮に感じる人たちがいる。かつて確かに存在した時代の産物をまぼろしとしてではなく、動機は違えど、リアルに感じ取ることができるスポットがウラジオストクにある。

市内東部にあるクラシックカー博物館は、20世紀にソ連で製造された自動車やオートバイを中心に揃えたユニークな場所だ。オープンは2002年。公式ウェブサイトには「ロシアにおける自動車産業の歴史と大祖国戦争（第二次世界大戦）に勝利した技術力を学ぶ」ための施設と解説しているが、館内に並ぶソ連の高級車や軍用車、一般車の数々は、当時のソ連にもポップでデザイン性豊かな車が量産されていたことを物語っている（ただし、当時のヨーロッパ車のデザインに似ているところもあり、その影響を考えると面白い）。

たとえば、1960年代に製造された「ЗАЗザパロージェツ」は、一般労働者向けの小型車としてデビューした。耐久性や燃費はいいが、最高時速は80km、トランクの容積が少ない、加速がいまいちでエンジン騒音が大きいなどの評価はあったが、価格が手頃で大衆車となったという。

タクシー車としてよく利用された「GAZ-21Mヴォルガ」も60年代に製造されている。湾曲したフロントガラスとリアウィンドーなど、いまの目でみると、とても斬新なデザインだが、当時のヨーロッパやアメリカの影響が強かったという。

20世紀の冷戦時代、米ソは政治や軍事だけでなく、経済や文化の面でも、表向き交流はシャットアウトのはずだった。この博物館を訪れると、1950年代から70年代にかけて、ソ連にも独自のカーライフがあったことがみえてくる。

館内は6つの部屋に分かれ、車が置かれた中央スペースの周囲にオートバイが展示されている。20世紀前半に製造されたものが多く、競技用バイクや陸軍のバイクもあり、見ていて飽きない。当時、ソ連軍はドイツの軍用バイクをモデルとして採用し、コピー車を生産していたこともわかる。なかにはどこで収集したのか、日本陸軍のバイクのコレクションもある。

この博物館は、市内の歴史博物館とも提携しており、単なる好事家のコレクションを並べただけの場所ではない。スターリン時代のプロパガンダポスターなど、ソ連時代のさまざまな意匠が散見されて面白いし、館内ではソ連時代の明るいポップスが流され、来場者の郷愁を誘っている。

クラシックカー博物館
Музей автомотостарыны
http://automotomuseum.ru

左／ソ連時代の映画にも登場したクラシックカー「ЗАЗザパロージェツ」
中／当時のモーターサイクル大会の写真とバイクが展示されている
右／博物館は、路面電車の東の終点「サハリンスカヤ」停車場からすぐ

特別寄稿

シベリア横断鉄道ほど近代史に足跡を残した鉄路はない

鉄道・旅行ライター　藤原浩

ウラジオストクにロシア人が住むようになったのは、20世紀初頭に開通したシベリア横断鉄道のおかげである。『シベリア鉄道　洋の東西を結んだ一世紀』(東洋書店)の著者である藤原浩さんに、鉄道建設の経緯や世界史的な意義について解説いただいた。

ロシアの首都モスクワと極東の港町ウラジオストクとを結ぶ世界最長の鉄道路線、シベリア横断鉄道。ロシア語では「Транссибирская《トランシビルスカヤ》 магистраль《マギストラーリ》」となる(以下、シベリア鉄道)。全区間を走破する「ロシア号」に乗れば乗車時間は約150時間、実に1週間もの長旅となる。

旅客輸送以上に、貨物輸送においてシベリア鉄道は重要な役割を担っており、沿線各地で長編成の貨物列車を見ることができる。国際貨物輸送においても、極東アジア～ヨーロッパ間でスエズ運河経由の航路が30～40日を要するのに対し、シベリア鉄道なら2週間程度で運ぶことができることから、今日も一定の需要がある。

そして、歴史的視点から考えたとき、シベリア鉄道ほど世界の近代史に足跡を残した鉄道はないだろう。とりわけ日露近代史において、シベリア鉄道の与えた影響は極めて大きい。見方を変えれば、シベリア鉄道の歴史は、シベリア・極東アジアの近代史そのものであった。この鉄道が建設されたことによって初めて、歴史の表舞台に登場することになる。

シベリア鉄道建設の決定

シベリア鉄道建設の構想は19世紀半ばより提唱され、ロシア政府によって建設が正式決定したのは1891年2月。当時のロシア皇帝アレクサンドル3世は、アジア遊歴の旅の途上にあったニコライ皇太子(のちのニコライ2世)にその勅諭を与えた。皇太子は5月にウラジオストクに立ち寄り、起工式に立ち会うことで鉄道建設の本気度を内外にアピールした。

なおニコライ皇太子は、その起工式の直前に立ち寄った日本で、警護中の巡査に襲われ負傷するという災難に遭遇している。いわゆる〝大津事件〟であり、日本中が大騒ぎになった。ロシアが怒りにまかせて日本に攻め寄せてくるのではないか、そんな恐怖心が日本中を覆い尽くし、少しでも怒りを和らげようと明治天皇自ら京都に急行し、皇太子を見舞っている。幸いにも、この事件でロシアが日本に圧力を加えるようなことはなかったが、俗に〝恐露病〟と呼ばれるロシアへの恐怖心を日本人に強く植えつけることとなった。

満州を横断する最短ルートの東清鉄道

建設の始まったシベリア鉄道は、起点がエカテリンブルク南方のチェリャビンスクと定められ、主要都市を経由してウラジオストクまで結ばれる計画となっていた。チェリャビンスクは建設が始まった当時はペルミとともに最東端だった駅である。ただし、後にペルミ・エカテリンブルク経由の路線が開通し、そちらがメインルートとなったため、現在ではチェリャビンスクはシベリア鉄道沿線の駅とはみなされていない。

工事は実際には6工区に分けられて進められ、1897年にはウラジオストク～ハバロフスク間（ウスリー線）が開通している。この線の工事には日本人の出稼ぎ労働者も多く加わっている。

比較的順調に開通したイルクーツク以西およびウラジオストク～ハバロフスク間に対し、ハバロフスク～イルクーツク間はアムール川沿いの狭隘な地形が続き、難工事が予想された。そのためロシアは、清国領である満州を突っ切る路線の敷設を検討する。1896年、ロシアのロバノフ外相は清の実力者・李鴻章と相互援助条約を結び、満州の鉄道敷設権を得る。いわゆる「露清密約」である。こうして建設が始まった東清鉄道は、実質的にシベリア鉄道の一部に組み込まれ、1903年に東西を結ぶ本線が全通する。この時点で、船での連絡となっていたバイカル湖の区間をのぞくモスクワ～ウラジオストク間が全通、曲がりなりにも洋の東西が鉄道で結ばれたのである。

増幅する日本の対ロ警戒心

一方、日本はシベリア鉄道建設の動きを構想段階より注視し、国家の存立を脅かすものとして警戒していた。1895年、日清戦争の勝利により日本は清から遼東半島を割譲されるが、ロシアら三国の干渉により返還を余儀なくされる。

三国干渉から3年後の1898年、ロシアは日本に返還させた遼東半島南部の大連、旅順の租借権と、旅順に至る鉄道の敷設権まで清に認めさせた。これにより、ロシアは念願の不凍港を手に入れたばかりか、シベリア鉄道に接続する鉄道を建設する権利まで得たのである。このようなロシアの態度に、日本が強い警戒心を抱いたのも当然だろう。

もっとも、民間レベルではシベリア鉄道は脅威一辺倒ではなく、ヨーロッパと結ばれる新たな鉄路に商機を見いだそうとした人々もいた。ウラジオストクには商売や貿易を営む日本人が多く進出し、日本海沿岸の各港はウラジオストクとの航路就航を目指した。北前船の衰退によりにぎわいを失いかけていた各港町は、ウラジオ航路に夢を託そうとした。すでに〝裏日本〟化が進みつつあった日本海沿岸にとって、シベリア鉄道は希望の光であった。

日露戦争で増大した輸送力

しかし1904年2月、日本の連合艦隊が極東ロシア艦隊を砲撃して日露戦争が勃発。こうした動きは一時頓挫する。日本が開戦にふみ切った背景には、湖上連絡のため輸送上のネックとなっていたバイカル湖岸の区間が全通する前の、補給態勢が十分でない段階で戦わねば勝ち目がない、そういう判断も働いたといわれている。

事実、日本軍と戦ううえでロシアは補給

旅順、大連への支線が分岐し、東清鉄道の中心駅としてにぎわった哈爾浜（ハルビン）。伊藤博文が暗殺された駅としても知られる

ウラジオストク駅ホームに保存されている蒸気機関車。その向かいには、全長9288㎞と刻まれた記念碑も立つ

に苦労した。バイカル湖西岸のポートバイカルと東岸のムィソーヴァヤの間は、2隻の輸送船が連絡していたが、日露戦争開戦当時は湖面が結氷していたため、輸送船は使えなかった。そのため3000台を越える犬ぞりで氷上輸送を行うも追いつかず、犬ぞりに乗れなかった兵士は歩いてバイカル湖を渡っている。さらには氷上に線路を敷設し、馬に引かせて重量のある機関車や車両などを運んだ。それでも輸送は遅滞し、イルクーツクは出発を待つ兵士や物資で大混乱に陥ったという。

　日露戦争さなかの9月に、難工事だったバイカル湖岸の区間がようやく開通し、シベリア鉄道全線が鉄路で結ばれることになる。これで輸送力は大幅に増大したが、それでも大半が単線のままであり、回送させる余裕のない貨車をやむを得ず廃棄するなど苦難の連続であった。結局、日露戦争はロシアの敗北に終わるが、シベリア鉄道での兵員・物資輸送が十分ではなかったことが敗因のひとつに数えられている。

　とはいえ、ロシアが満州の野に100万を超える大軍を展開させたことは事実であり、シベリア鉄道抜きには遂行不可能な戦争であった。

1枚の切符で東京からパリへ

　日露戦争後、満州における権益の多くを失ったロシアは、中断していたアムール川沿いの区間の建設を再開する。ハバロフスク～クエンガ間は1916年に開通し、ここにシベリア鉄道はロシア領内のみで結ばれるようになった。一方、東清鉄道の南部支線のうち長春以南が日本に譲渡され、新たに南満洲鉄道（満鉄）が設立される。この満鉄を仲立ちとして日本、朝鮮、満州それにロシアの鉄道が協調し、連絡運輸が実施されるようになった。1912年にはヨーロッパの鉄道事業者も加えた欧亜連絡運輸がスタートし、東京からパリまで1枚の切符で行くことが可能となっている。

　欧亜連絡には大きく3つのルートがあり、東京から下関へ出て釜山に渡り、朝鮮鉄道および満鉄を経由してシベリア鉄道に向かうルートと、下関から大連に渡って満鉄経由で向かうルート、さらには敦賀から直接ウラジオストクに渡り、シベリア鉄道に連絡するルートがあった。いずれも当時の主

壮麗なウラジオストク駅舎は1912年の建築。何度か塗り直されているものの、建物自体は竣工当時のまま現在も使われている

アムール川に架かる大鉄橋は1916年の竣工。現在の橋は1998年に完成した2代目で、全長約2600mの鉄道・道路併用橋である

流であったヨーロッパ航路に比べ、運賃・日数とも半分程度で済んだため、文人・作家や留学生、政治家や外交官など、多くの日本人渡航者が欧亜連絡を利用した。当時のシベリア鉄道での旅の様子は、与謝野晶子や林芙美子らが残した随筆や短歌などの文学作品を通してうかがい知ることができる。

　この欧亜連絡は、第一次世界大戦の勃発により中断するが、ソビエト連邦と日本が国交を結んだ1927年に再開され、第二次世界大戦により再度中断されるまで続けられている。

現代のシベリア横断鉄道

　第二次世界大戦後、シベリア鉄道は日本人など多くの外国人抑留者を輸送する手段として使われたが、ソ連との国交が回復して以降は三たび、ヨーロッパへの移動手段として人気を得るようになる。戦後はウラジオストクが閉鎖都市となったため、旅行者は横浜～ナホトカ間の航路を利用し、ナホトカ～ハバロフスク間を「ヴォストーク号」に乗り、ハバロフスクから「ロシア号」に乗り換えてモスクワを目指すというルートが一般的だった。まだ航空券が高かった時代、当時の多くの若者がヨーロッパを目指している。

　ソ連解体後、ウラジオストクから直接シベリア鉄道に乗車できるようになった。かつてのようなヨーロッパを目指す旅行者の姿は減ってしまったが、雄大なシベリア横断の旅を楽しめる鉄道そのものがロシアの観光資源といえる。世界を揺るがせた歴史に思いをはせつつ、果てしなく続くシベリアの大地を眺める時間は、きっとすばらしい旅の一コマとなるに違いない。

藤原浩

鉄道・旅行ライター。1975年大阪府生まれ。旅行ガイドブック『地球の歩き方　ロシア』『同　極東ロシア　シベリア　サハリン』の取材を担当しているほか、雑誌やガイドブックに幅広く執筆。主な著書に『シベリア鉄道』『宮沢賢治とサハリン』（ともに東洋書店）など。

この町が要塞や砲台に囲まれている理由

軍事都市の名残を探すと、日本との歴史が見えてくる

ウラジオストクはいまや近隣アジアからの観光客が多く訪れる、バレエとグルメの町である。だが、そんなに遠くない過去に軍事都市という顔があった。その名残は、探すといくつも見つかる。

最もわかりやすく目につくのが、港に面したカラベーリナヤ海岸通りの公園の中央に鎮座する旧式の潜水艦で、艦内は博物館になっている。この通りは19世紀半ば、ロシア人が入植した最初の場所でもある。

栄光あるソ連海軍の潜水艦を展示

潜水艦C－56は、第二次世界大戦で実戦配備された栄光あるソ連海軍太平洋艦隊の潜水艦だ。建造は1936年で、1941年10月に太平洋艦隊に編入。翌年10月ウラジオストクを出港し、カムチャツカ、サンフランシスコ、パナマ運河、スコットランドなどを経由、ドイツ海軍との海戦において4隻を撃沈、1隻を大破させたという戦績を持つ。ソ連海軍で初めて世界一周した潜水艦でもある。戦後は1955年に退役したが、1975年の対独戦勝利30周年を記念して博物館として展示されることになった。

内部には、第二次世界大戦当時の写真や海軍の歴史を物語る資料が展示される部屋があり、奥の丸いハッチを開けると、乗組員の寝泊まりする部屋や潜望鏡室、攻撃のための発射装置など、旧式ながら殺戮《さつりく》兵器としての生々しい姿を見学できる。

太平洋艦隊の歴史についてさらに知りたければ、ここから東にスヴェトランスカヤ通りを歩いた先の太平洋艦隊博物館を訪ねるといい。1950年開館という歴史あるこの博物館には、ロシア海軍が極東の海域を探検した時代から日露戦争、太平洋艦隊の誕生、第二次世界大戦に至る歴史の資料がある。展示内容は4万点にも及び、軍旗や艦船の模型、勲章、武器、水兵の当時の私物までさまざまだ。これらの展示を見てあらためてわかるのは、この国は冷戦の敗者だったが、第二次世界大

戦の戦勝国でもあるという事実である。

かつて要塞都市だったウラジオストク

市内に残る軍事都市のもうひとつの名残は、夏は海水浴客がのんびり肌を焼くスポーツ湾のはずれ、金角湾を望む丘の上に立つ要塞博物館である。１８８９年に建造された最初の軍事要塞で、館内には19世紀後半から20世紀初頭、ウラジオストク市街地の周辺に建造された要塞の模型や設計図、実際に使用された砲弾や火器、軍服などが展示されている。

その当時、ウラジオストクの市街地は、数多くの要塞群に取り囲まれていた。北はムラヴィヨフ・アムールスキー半島の中央部から南はルースキー島まで16の防塁と約50もの砲台が築かれた。

そのうち一般公開されているのが、市街地の北にある通称「要塞ナンバーセブン」だ。１９１０年に建造された地下要塞で、トンネル部分は全長１．５㎞にも及ぶ。内部は真っ暗で、冷気でひんやりしている。懐中電灯の明かりを頼りに歩くと、司令官室や武器庫、トイレ、炊事場などの跡が見られる。この要塞は標高１７０ｍの小山の上にあり、外に出ると、アムール湾が見渡せる。その周辺に古い射撃砲がいくつも置き捨てられている。

同要塞には専門のガイドがいて、事前に連絡しておけば、中をじっくり案内してくれる。通路は何度も折れ曲がり、壁には無数の銃眼がある。内部の構造を理解していないまま、ガイドなしで潜入して歩くと、まず迷ってしまうだろう。

なぜウラジオストクにはこのような堅牢な大要塞群があるのだろうか。その理由は、ひとことでいえば、日露戦争における旅順要塞陥落のトラウマといっていい。つまり、二度とあのような陥落の憂き目を味わいたくない。だから、当時のロシア軍は旅順要塞の弱点を分析し、最強の要塞を構築したというわけだ。

ところが、１９２０年代以降、戦車や航空部隊が主力戦となる時代となり、歩兵戦を想定した要塞は用無しになってしまった。シベリア出兵以降、日本軍はこの地に現れることなく、これらの要塞はまったく使われることはなかったという。

一度も実戦を経験していない砲台跡

ルースキー島はソ連解体に至るまで長く軍の管理する島だった。一般住民は自由に島に訪れることは許されず、島内には多くの秘密の要塞や砲台があった。そのため、いまでも手つかずの自然が残っている。

右／潜水艦C-56の艦内には、乗組員のベッドや潜望鏡、発射管に装てんされた魚雷などがある　中／要塞博物館の野外に対空砲などが展示されている　左／要塞内部の地下通路はじっとり水で濡れている。主な施設を見て回るだけの最短コースでも1時間はかかる

潜水艦C-56博物館 Подводная лодка С-56
http://museumtof.ru

太平洋艦隊博物館 Музей Тихоокеанского флота
http://museumtof.ru

要塞博物館 Музей Владивостокская крепость
https://vk.com/club90545365

日露戦争の始まる前年の1903年に建造されたのが、ルースキー島の北東部に位置するノヴォシリツェーフスカヤ砲台で、南の海に向かって数門の火砲が並んでいる。いまではただの旧式の砲台跡にすぎないのだが、その光景はあまりに現実感がなくて不思議な気さえする。なぜなら、周辺は見渡す限り海が広がる風光明媚な高台で、夏になると地元の若者たちがキャンプやBBQパーティーのために訪れるようなのどかな場所だからだ。

　ルースキー島の深い森の中にひっそりとたたずむ砲門もある。日本が中国東北部に満州国を建国した1930年代初期に、元ある砲台を改築してバージョンアップしたというヴァローシローフスカヤ砲台だ。

　砲台に車で向かうと、深い森の中を走る。突然視界が広がり、大きな砲門が見えてくる。

　この砲台も明らかに対日戦に備えたもので、305㎜三連砲が2門設置されている。地下5階の構造で、地下室には指揮官室や射撃室、兵士の住居スペース、砲弾貯蔵庫などが置かれている。周囲は3・5mの分厚いコンクリートで覆われ、1トンの爆弾の直撃に耐えられる設計で、正面部分は4mの装甲を持つ。どれだけ日本軍を恐れていたのだろう。

　ところが、この砲台も一度も実戦を経験することなく退役となった。

近代以降の日本との因縁の歴史

　こうしてソ連側の用意した万全の防御体制も、結果的に役立つことはなかった。

　だが、日本側も同じことを考えていた。1930年代後半、満州国を建国していた日本軍は、ウラジオストクから北西数百キロのソ連国境沿いに大要塞を建設していたからだ。ひとつは中国黒龍江省東寧県に位置する東寧要塞で、東清鉄道ルートの中国側最東端で国境駅のある綏芬河《すいふんが》から50㎞ほど南にある。またハンカ湖の北に位置し、1939年に完成した虎頭要塞は、当時アジアで最大規模を誇ったという。なにしろ東西10㎞、南北8㎞に広がる一帯に、地下30～50mの坑道を張りめぐらしたというもので、ウスリー川の対岸はイマン（現ダリネレチェンスク）だった。しかし、これらはいずれも1945年8月のソ連軍の侵攻により陥落している。

　このように、ウラジオストクの軍事都市の名残を探すと、近代以降の日本との因縁の歴史が見えてくる。そこには「日本にいちばん近いヨーロッパ」ゆえの、ウラジオストクのもうひとつの顔が確かにあったことを知らされる。

1903年に建造されたノヴォシリツェーフスカヤ砲台は、2012年にできたルースキー大橋のたもとの高台の上にある

要塞ナンバーセブン Форт ь 7
http://fort7.ru

ノヴォシリツェーフスカヤ砲台
Новосильцевская батарея

ヴァローシローフスカヤ砲台 Ворошиловская батарея
http://fortvl.ru

潜水艦C-56の全長は77.75m、幅6.4m。潜水艦の後部から入り、出口は船首側になる。艦の北側に第二次世界大戦の慰霊碑がある

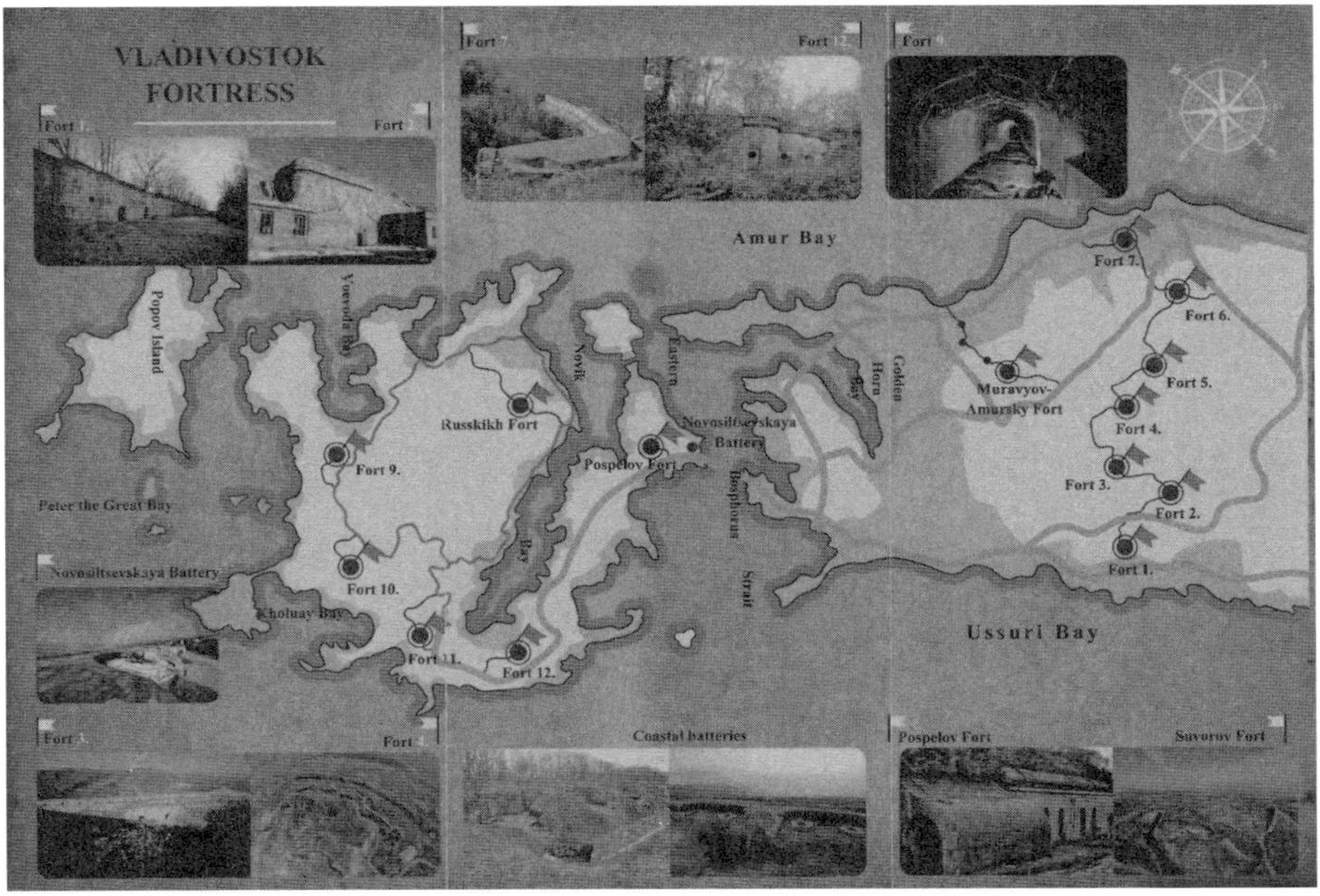

観光用につくられたウラジオストクの要塞と砲台のマップ。金角湾と市街地を取り囲むように配置されていたことがわかる

宣教師、軍人、革命戦士から映画俳優まで
街角で見かけるゆかりの銅像には この都市の記憶が刻まれている

ウラジオストク駅を正面から少し離れた石段の上から眺めるとき、興味深い光景が目に映る。視界にまっすぐ並んで入ってくるのは、レーニン像＝ソ連、ウラジオストク駅＝帝政ロシア、金角湾大橋＝新生ロシアという3つの時代の顔だからだ。

歴史的、文化的なゆかりの人物たち

レーニンはご存じ、ロシア革命のリーダーだ。だが、そもそもレーニン像は、1990年代初頭のソ連解体の頃、いっせいに打ち倒されたのではなかったのか。そんな映像を何度も見たことを思い出す。ところが、これはウラジオストクに限った話ではなく、ハバロフスクやユジノサハリンスク（サハリン）など極東ロシアの主な都市では、どこでも健在だ。2017年にはロシア革命100周年ということで、歴史の語り部であるアルセーニエフ記念沿海地方博物館ではレーニン展を企画していたほど。彼は歴史に葬り去られていたわけではないのである。

ウラジオストクは小さな都市だが、やたらと銅像が多い。銅像には、それぞれを建てた人たちとその時代ならではの想いがあり、ロシアらしさもある気がする。そこで、歴史的、文化的にゆかりのある人物を中心に銅像めぐりをしてみたい。

歴史的人物では、まず絶景スポットである鷲の巣展望台にある銅像を取り上げたい。ギリシャ語をスラブ語に翻訳し、スラブ世界にキリスト教を布教した東方正教会の宣教師キュリロスとメトディオスの兄弟の像である。彼らはスラブ語諸族が使うキリル文字の原型となるグラゴール文字を考案したという。大きな十字架を掲げるふたりの像は、ウラジオストクが極東に位置するスラブ語圏最果ての地であることを物語っている。

日本海に突き出た、ウラジオストクのある半島の名前になっているムラヴィヨフ・アムールスキーは、19世紀半ば東シベリア総督に就任し、清国とロシアの国境線画定に功績あった総督だ。ひと

ことでいえば、中国より東にロシアがあるのはこの人のおかげ。だから、極東ロシアの主な都市にはすべてこの人の銅像はある。しかも晴れがましい場所に。ところが、ウラジオストクでは、なぜかゴーリキー記念沿海地方アカデミードラマ劇場のすぐそばの目立たない場所にあって、台座も小ぶり。影が薄い気がしないではない。

一方、ロシア革命の戦士像は晴れの場である中央広場にある。1961年に完成したものだが、市内で最も大きな銅像のひとつ。無名の市民であることに価値があるのかもしれない。

文化人の銅像もけっこうある。その代表は、ロシア文学のシンボルともいうべきプーシキン像だ。場所はプーシキン劇場の脇にある。だが、彼は首をたれ、うつむいていているように見えるので、「しょんぼりプーシキン像」と名づけたくなる。この話を地元の若いロシア人にしたら、「いかにもプーシキンらしい」と笑いながら答えてくれた。

「荒野の七人」のユル・ブリンナー

もうひとりは少し意外な人物。ハリウッドのいまは亡き名優ユル・ブリンナー像だ。名作「荒野の七人」や「王様と私」で有名だが、彼の母親がユダヤ系ロシア人で、1920年ウラジオストクに生まれだそうだ。この像は、2012年に国立沿海地方美術館の通りの向かいに建てられた。銅像の背後にある建物は、スイス生まれの彼の祖父が建てた自身の邸宅で、この人物は日本にもいたことがあり、1870年代にウラジオストクに移民して財をなしたという。

ヴラジーミル・ヴィソツキーという名を知る人は多くないかもしれない。ソ連時代の反体制歌手で、独特のしわがれ声が有名だ。吟遊詩人として愛された彼はウラジオストクを訪れたことがあるらしい。モスクワオリンピック開催中、42歳の若さで亡くなった国民的歌手の銅像は、ゴーリキー記念沿海地方アカデミードラマ劇場の公園にある。ギターを弾き語る陽気な若者の像である。

最後に癒やし系の銅像をふたつ。オケアン大通りになぜか立っているのは「海の男」像。いかにも港町らしいキャラ設定だが、いつ頃からか彼の親指に触れると富がもたらされるという都市伝説が生まれた。像の写真を撮っていると、どこからともなく地元のおばあさんが現れ、目の前で像の手を握って「こうするのよ」と教えてくれた。そして、沿海地方のシンボルであるトラの像。海辺通りにあるこの像は、絶滅の危機にあったウスリータイガーを保護するメッセージをこめて造られた。地元の子供たちに人気である。

右／レーニンの後ろ姿にはどこか哀愁が感じられるのは気のせいか　中／ユル・ブリンナー主演の「荒野の七人」は「七人の侍」のリメイク映画だから黒澤明つながりでもある　左／この像はネコではなくトラの赤ちゃんだそう。市内にはここ以外にもたくさんのトラの像がある

100年前ウラジオストクと日本は近かった

かつて6000人近い日本人が住んでいた、ゆかりの地を歩く

いまではすっかり忘れられてしまっているが、ウラジオストクと日本の縁は深い。なぜなら、100年前の19世紀後半から20世紀初頭にかけて、多くの日本人がこの地に渡り、働き、暮らしていたからだ。市内にはその当時の在留邦人の活動を物語るスポットがいくつも残っている。

「からゆきさん」も多かった

ロシア人が、ユーラシア大陸のはずれにあるウラジオストクまではるばるやって来て、この町の建設を始めたのは1860年。一方、同時期に、1855年の日露和親条約によって長崎、下田、函館の3港が開かれ、ロシア船の日本への来航は自由になっており、日本からも多くの人がウラジオストクに渡航を始めている。

それらの日本人は、大工や理髪師、雑貨商など、ウラジオストクの新都市建設で不足していたロシア人の身の回りの世話に役立つ職種の人々が多かったという。「からゆきさん」と呼ばれる海外の娼館で働く女性たちもいた。モスクワから9000km以上離れたこの地には、ロシア人の女性は少なかったのだ。

そして1876（明治9）年、日本はウラジオストクに貿易事務所を開設。以降、続々と日本人が事業開拓のために渡っている。日露戦争（1904～05）もあり、その数は一時少し減ったが、戦争が終わると、再び増え始め、ピーク時の1919年には在留登録だけで5915人という邦人がいたという記録もある。

嘉納治五郎の像と与謝野晶子の記念碑

では、日本のゆかりのスポットを訪ねてみよう。オケアン大通りにある優美なクラシック建築（右下写真）は、旧日本国総領事館だ。石造りのギリシャ式建築で、現在は沿海地方裁判所である。

当時の代表的な在留邦人として知られていたの

が、1892年に日用雑貨輸出商としてウラジオストクに渡り、1899年、この地に「堀江商店」を開業した堀江直造である。他にも日本人経営の商店や飲食店、銭湯、写真館があった。

　多くの日本人が暮らしていたので、子弟の教育のための日本人小学校もあった。1922年当時、生徒数は256人を数えたという。

　著名人もウラジオストクを訪れている。「日本近代小説の開祖」と称される明治を代表する文人のひとり、二葉亭四迷。彼は東京外国語学校でロシア語を学んだ後、1902年に一時ウラジオストクに滞在し、現地のロシア人と交流している。

　最初のウラジオストク駅は1894年に完成しているが、現在の瀟洒《しょうしゃ》な駅舎は、1912年に竣工《しゅんこう》した。この年、ウラジオストク航路に接続する敦賀港～新橋間を走る欧亜国際連絡列車の運転が始まった。以降、日本からモスクワ、ヨーロッパへの鉄路がつながり、同じ年の5月、与謝野晶子が夫を追ってパリを訪ねる際、この地に立ち寄っている。現在、極東連邦大学東洋学院の建物の前に彼女の記念碑が建てられている。

　ロシアにおける柔道発祥の地もウラジオストクにある。1911年に講道館に入門、帰国後、1914年にこの地に柔道クラブを創設したサハリン出身のワシリー・オシェプコフが、「柔道の父」と呼ばれる嘉納治五郎と向き合う像は、金角湾大橋のたもとに立っている。

加害者としての記憶も残している

　歴史には明暗がある。1930年代に入ると、満州事変が起こり、以後、ウラジオストクはソ連の防衛線の重要地点となり、軍事基地となった。1937年には、外国人は国外退去を命じられ、日本国総領事館の関係者をのぞく日本人は、全員帰国せざるを得なかった。

　日本の敗戦後、ソ連は数十万人もの日本人をシベリアに抑留した。ウラジオストクにもふたつの収容所があり、ビル建設や道路の改修に従事させられている。

　当時亡くなった日本人抑留者の慰霊碑が、現在ウラジオストク国際空港の近くに立っている。ロシアでは、日本に対する加害者としての記憶も残そうとしている。そればかりか、市内の日本とのゆかりの場所のいくつかに、当時の歴史を記述したプレートが設置されている。

ゆかりの地を案内「浦潮散策マップ」

　こうした当時の在留邦人の活動を物語るゆかり

右／日本貿易事務所の跡地に1916年に建てられた旧日本国総領事館。建築家の三橋四郎によって設計された　中／「ロシア柔道の祖」ワシリー・オシェプコフと嘉納治五郎の像。ロシアに柔道が伝わったのは100年以上前のことだ　左／最初の日本人小学校は西本願寺の一室で1894年に開校。1913年にこの建物に移転した

のスポットを訪ねるのに役立つ町歩きマップがある。「浦潮旧日本人街散策マップ～日本にゆかりのあるウラジオストクの名所・旧跡巡り～」（2011年7月発行、以下「浦潮散策マップ」と表記）がそれだ。

「浦潮散策マップ」の制作に携わったロシア人のひとりが、極東連邦大学で日本語を教えているモルグン・ゾーヤさんだ。ゾーヤさんは、1947年、ウラジオストク市郊外のルースキー島生まれ。高校時代から日本語を学び、卒業後はソ連の国営旅行会社インツーリストに所属する。

そんな彼女に転機が訪れたのは、ペレストロイカが始まった1980年代後半のこと。1989年5月に、日本から戦後初めての観光ツアーが、当時、軍港だったウラジオストクに客船で訪れ、彼女は通訳ガイドを担当することになった。

そのときツアーで訪れた日本人のなかに、戦前のウラジオストクや当時は満州国の一都市だったハルビンに住んでいた、ロシアとのゆかりが深い人たちがいた。

ロシアで刊行『日本人居留民の歴史』

このツアーに参加した杉山公子さんは、著書『ウラジオストクの旅―海の向こうにあった日本人町』（1989、地久館刊）のなかで、次のように書いている。彼女は1928（昭和3）年、ハルビンの生まれである。

「近年、私は自分のふるさとハルビンの歴史をもとに、北の地に生きた明治大正期の日本人のことを調べている。調べてみるとウラジオストクは、十九世紀末に都市建設の始まったハルビンにとって、源流とも母港ともいえる存在で、そのことを知ってから『一度は行ってみたい町』になっていた」

中国黒龍江省のハルビンは、もともと清国領の松花江（満州語はスンガリー）のほとりにある小さな村だったが、19世紀末、シベリア横断鉄道を敷設する際、太平洋へとつなぐ最短距離に位置する場所だったため、帝政ロシアによって造られた都市である。現在もロシア建築をはじめ、当時の欧州で一世を風靡《ふうび》していたアールヌーヴォーやアールデコといった美しい様式の建築が残っている。

杉山さんは約60年ぶりに解禁された日本人のウラジオストク訪問のために、1915年当時の市内地図や戦前に発行されていた「浦潮案内」という旅行案内書を入手して、下調べした。そして、ツアー帰国後、すぐに前述の本を書き上げ、自身が用意した古い地図に、現地を訪ね歩いて見つけたいくつかの変化を書き加えた「ウラジオストク

案内図」を、著書に収録している。これは、「浦潮散策マップ」の原型となるものといってもいいかもしれない。

このような背景を持つ杉山さん以外にも、ロシアとゆかりのある日本人と出会った後、ゾーヤさんは彼らと文通などを通じて交流を始めた。グラスノスチで情報公開が進むなか、ロシア側に眠っていた20世紀初頭の資料を集め、当時この地に住んでいた日本人居留民に関する研究を進めた。

「多くの日本の方に当時のウラジオストクの絵葉書や家族に宛てたお手紙などを見せていただきました」とゾーヤさんは話す。

その成果が、２０１４年にロシアで刊行された『ウラジオストク 日本人居留民の歴史 １８６０～１９３７年』（東京堂出版刊）だ。同書は、初めて日本人がウラジオストクに現れた１８６０年代から１９３０年代に立ち去るまでの記録を、膨大な資料を元に整理している。当時の日本企業や商店、市井《しせい》の個人の名前も登場する。ロシア人と日本人がお互い民間人同士、身近な存在として受けとめ、共生していた日々がつづられている。

受け継がれる歴史の記憶

日本人が忘れていた歴史を、いまに伝えてくれたゾーヤさんだが、彼女の研究に大きな影響を与えた、もうひとりの日本人女性がいる。戸泉米子さんだ。

「戸泉さんは１９２１年、９歳のときにウラジオストクに来て、極東総合大学教育学部ロシア語科を卒業しました。きれいなロシア語を話す方でした。ウラジオストクの西本願寺の住職、戸泉憲龍氏の奥さんになられました。１９３６年に西本願寺は閉鎖され、ご主人は逮捕されましたが、１９３７年に彼女はいったん帰国しました」

戸泉さんは、２００２年に自伝である『リラの花と戦争』（福井新聞社刊）を出版している。同書には、１９３０年代に現地で見聞したスターリン時代の粛清や、敗戦直後にウラジオストクに戻って体験した収容所生活などが赤裸々に語られている。彼女はゾーヤさんが書いた歴史を、実際に生きた人物なのだ。

戸泉さんは２００９年に亡くなられたが、長く交流を続けていたゾーヤさんは、生前に福井県の病床の彼女を訪ねたとき、「日本とウラジオストクをつなぐ仕事を引き継いでくださいね」と言われたという。「その言葉をいまも忘れない」とゾーヤさんは話している。

日本とウラジオストクをつなぐ複数の絆が、いま静かに結びつき始めている。

右／堀江商店はパグラニーチナヤ通りにあり、周辺は日本人が多く住んでいた　中／ミルグン・ゾーヤさんは「ウラジオストクの日本語の母」と呼ばれ、現地の若い日本語ガイドを指導してきた　左／『ウラジオストク 日本人居留民の歴史 1860～1937年』（2016年、東京堂出版刊）

歴史

ウラジオストクの歴史を知ろう

ロシア沿海地方の中心都市ウラジオストクが誕生したのは19世紀半ば。日本との歴史的な関係も深い。基本を頭に入れておこう。

この町の歴史を説明しようとするとき、極東ロシアやシベリア全域まで含めるかによって歴史の語り方は変わってくる。ロシア人の東方進出の背景にまで話をさかのぼることになるからだ。また、日本との歴史関係についても詳しく触れようとすると、明治以降の日本の近代史と深く関わるため、話は複雑になってくる。ここでは、ウラジオストクという、日本海に面したロシアの地方都市の生誕から始めよう。

極東のロシア化の始まり

始まりは1860年になる。この年、帝政ロシアが清国と結んだ北京条約で、ウラジオストクを含む沿海地方はロシア領に編入された。この条約を締結させた立役者であるムラヴィヨフ・アムールスキー東シベリア総督が軍艦アムール号に乗ってこの地を初めて航海したのはその前年で、水深もあり、ロシアにとって重要な不凍港の優良な候補地であることから（実際には一部氷結する）、黒海の出口であるイスタンブールにならって、金角湾と名づけられた。翌年、軍艦マンジューリ（満州）号で乗りつけた彼らは、この地を「東方を支配する町」を意味するウラジオストクと名づけ、都市建設を開始。ロシア化がスタートする。

1870年代には、帝政ロシアの太平洋岸における最重要地点となり、シベリア艦隊の司令部がニコラエフスク・ナ・アムーレからウラジオストクに移された。1879年にはサンクトペテルブルクとウラジオストクを結ぶ定期航路が就航され、1888年に沿海州の州都となった。1899年には、中国語やモンゴル語、日本語を学べる極東で唯一の東洋学院が設立され、文化的な環境も整い始めた。

日本との交流は、早くもこの頃から始まっている。ときは幕末の1860年代、九州から多くの日本人が建設途上のウラジオストクに渡っている。明治維新後も、新開地だったウラジオストクで事業を始める日本人は増え、日本政府は1876（明治9）年にウラジオストクに貿易事務所を開設した。1881（明治14）年、神戸から釜山、元山経由のウラジオストク航路の定期運航が始まった。その後、日本人居留民はロシア人たちと混住した。当時はユーラシア大陸の果ての地に住むロシア人の数は少なく、日本人が都市建設や貿易に携わることは歓迎されていたからだ。1907（明治40）年には日本総領事館が設置された。

ヨーロッパの旅はウラジオストク経由

ロシアは1890年代にシベリア横断鉄道の敷設を決定し、1897年にはハバロフスクとウラジオストクを結ぶウスリー鉄道が開通。1903年には、当時の清国領を横断する東清鉄道経由ではあるものの、ついにモスクワとウラジオストクは鉄道で結ばれた。

ところが、翌年に日露戦争が勃発、日本の勝利に終わる。その後、さらにウラジオストクに渡る日本人は増え、1912年には敦賀・ウラジオストク航路を利用し、シベリア横断鉄道に乗ってモスクワ経由でヨーロッパに向かう国際列車がスタ

帝政ロシア最後の皇帝ニコライ２世は、日本との数奇な縁を持つ。ロシア革命で処刑されたが、今日再評価されている

極東ロシアを領有する契機となるアイグン条約の交渉を描いた絵。アムール州ブラゴベシチェンスクのアムール州歴史博物館の展示

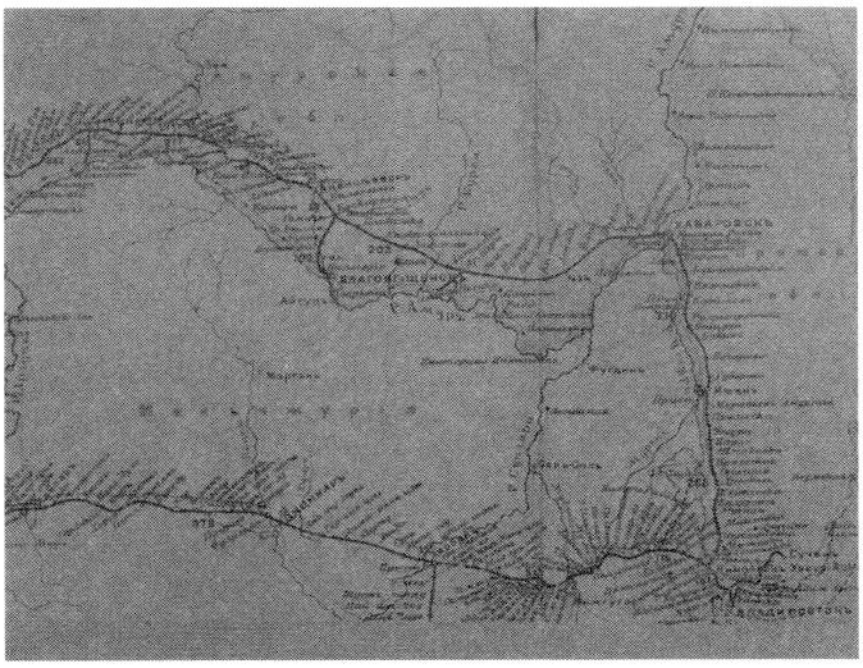

シベリア横断鉄道はまず清国経由の東清鉄道がウラジオストクに結ばれ、のちにハバロフスク経由の路線が開通する

1891年のニコライ皇太子のウラジオストク訪問を記念して建てられた凱旋門。これは破壊前の20世紀初頭のもの

かつてスヴェトランスカヤ通りには路面電車が走っていた。右手の建物は、グム百貨店。ソ連時代はレーニン通りと呼ばれていた

現在のウラジオストク駅方面から眺めた20世紀初頭のウラジオストク港。金角湾に多くの客船や貨物船が停泊している

ートしている。それまで日本人は海路でヨーロッパに行くほかなかったが、鉄道なら運賃も日数も半分ですむことから、これ以降、多くの人がウラジオストクに立ち寄り、ヨーロッパへと旅立った。

　1917年のロシア革命によるソビエト連邦政権の成立は、ウラジオストクと日本の関係を変えていくことになる。西洋列強をはじめ14カ国が革命に干渉し、日本もイギリスとともに先陣を切ってシベリア出兵に踏み切った。結局、最多の7万2000人の兵を派遣したのは日本だった。その後、1922年には革命軍がロシア全土を席巻し、外国軍は撤退した。その後、しばらくして多くの日本人居留民もこの地をあとにした。

　第二次世界大戦前、中国大陸に進出し、満州国を建国していた日本とソ連は極東で長い国境線で接していた。大戦末期の1945年8月9日、ソ連軍は攻撃を開始した。日本の敗戦後、ソ連は日本兵や民間人を捕虜として収容所に連行した。彼らの一部はウラジオストクでも建設労働などに従事させられている。いわゆるシベリア抑留者の数は54万6086人とのちに公表された。

生まれ変わったウラジオストク

　その後、ウラジオストクは長く外国人立ち入り禁止となり、日本国総領事館はナホトカに置かれ、再開したシベリア横断鉄道の始発駅となった。1960年代、ナホトカ経由で鉄道に乗ってヨーロッパに向かう日本人は多かった。

　1980年代に入り、ソ連はペレストロイカ政策を進め、1991年末ソ連は解体。翌年、ウラジオストクが対外開放された。シベリア横断鉄道の始発駅は再びウラジオストクになり、日本国総領事館も戻ってきた。

　ソ連解体後、経済的苦境に陥ったウラジオストクの人たちの多くは、日本からの中古車輸入をはじめとしたバーター貿易を始めた。そのとき、彼らは戦後初めて民間の日本人と知り合うことになり、日本に対する好印象を持ち帰ることになった。それが今日ウラジオストクの人たちが親日的な理由のひとつとなっている。

　新生ロシア誕生から30年近くたったいま、今度は日本からウラジオストクを訪れる人が増えている。きっかけとなったのは、2017年8月に始まった電子簡易ビザの発給だ。その前段階として、2012年に開催されたアジア太平洋経済協力会議（APEC）に向けて、ロシア政府が進めたウラジオストクへのインフラ投資と自由港化の決定がある。これが疲弊していた都市の景観を変えた。ウラジオストクは生まれ変わったのである。

ウラジオストクと日本の交流年表

1860	ロシアは沿海地方を編入
1876	ウラジオストクに日本貿易事務所を開設
1881	神戸―下関―釜山―元山―ウラジオストク航路開設
1891	ニコライ皇太子、日本訪問。ウラジオストクに立ち寄る
1903	シベリア横断鉄道、モスクワ―ウラジオストク間開通
1904	日露戦争
1912	敦賀―ウラジオストク航路に接続する国際列車の運行開始
1917	ロシア革命
1918	連合軍によるシベリア出兵
1939	第二次世界大戦
1952	ウラジオストク外国人の立ち入り禁止
1991	ソ連解体
1992	ウラジオストク対外開放
2012	ルースキー島でAPEC開催
2017	日本など18カ国に電子簡易ビザの発給を開始

1918年1月、イギリスや日本など各国が反ロシア革命を旗印にウラジオストク港に上陸。兵士たちは市内を行軍した（©朝日新聞社）

ロシア革命は、ウラジオストクと日本の関係を大きく変えた。今日のロシアでは革命の歴史的評価はまちまちだ

ウラジオストク国際空港の近くにある日本人シベリア抑留者慰霊碑。この近くに抑留者の収容所があったという

毎年5月9日に開催される第二次世界大戦の戦勝記念日には、ウラジオストク市内で戦車や軍人、遺族らがパレードを行う

2012年、アジア太平洋経済協力会議（APEC）の開催に合わせて開通し金角湾大橋。いまのウラジオストクの顔だ

ソ連解体後、ウラジオストクは日本の中古車の輸入拠点となった。写真は1993年頃のウラジオストク港の積み出しの様子

情報収集　ウラジオストクに関するネット情報と書籍案内

ウラジオストクが気軽に楽しめる旅行先として知られるようになってまだ日が浅いことから、現地の情報は、他の国々や地域に比べると多いとはいえない。それでも、現地在住日本人や日本語のわかるロシア人たちからの発信も増えている。日本人の訪問は歓迎されているので、こまめに探して問い合わせてみるといいだろう。

ネット情報

現地発

●ウラジオ .com（日本語） http://urajio.com
ウラジオストク市内で旅行会社を立ち上げ、現地の情報収集と日本人をアテンドする日々を送る有限会社うらじお代表の宮本智さんが発信。情報量は随一。

●日本海ブリッジ（日本語） http:// nihonkaibridge.com
現地旅行会社のウラジーミルさんが発信する情報サイト。

● Discover Vladivostok（日本語） http://vladivostok.travel/jp
現地 PR 会社の Pacific Russia Tourism Alliance が運営。極東ロシアの自然や先住民文化など、日本人にとって新鮮な情報を発信。

●在ウラジオストク日本国総領事館
https://www.vladivostok.ru.emb-japan.go.jp/itprtop_ja/index.html

● VL.RU（ロシア語） https:// www.vl.ru/afisha/vladivostok/events/all
地元のイベント情報サイト。ロシアでは各種イベントの日程が決まるのは、遅い傾向にある。旅行時期にどんなイベントや公演があるかを事前に調べるのに参考になる。

●ロシアビヨンド https://jp.rbth.com
ロシア連邦政府発行紙「ロシースカヤ・ガゼータ」が立ち上げた日本語版ロシアニュース。ロシアの文化、風俗、社会、政治、スポーツなど、さまざまなジャンルの情報が発信され、面白いし、役に立つ。

●スプートニク https://jp.sputniknews.com
同じくロシア発の情報サイト。

日本発

●旅のコンシュルジュデスク「RTB」by JATM http:// www.jatm.co.jp/top2
極東ロシア送客 No.1 の旅行会社のサイトで、ウラジオストク以外にも、シベリアやヤクーツク、サハリンなど極東ロシア全域をカバーしている。

●ボーダーツーリズムを楽しもう http:// border-tourism.jp
極東ロシアや中国、モンゴル、北朝鮮などのボーダーツーリズムを提唱する情報サイト。

ウラジオストクに関する書籍案内

ウラジオストクや極東ロシアを舞台とした小説や歴史書など。本書の参考文献の一部を兼ねている。

『ウラジオストク物語』原暉之　三省堂
『ウラジオストク　日本人居留民の歴史 1860 ～ 1937 年』ゾーヤ・モルグン　東京堂出版
『中露国境 4000 キロ』岩下明裕　角川選書
『デルスー・ウザーラ』ウラジーミル・アルセーニエフ　河出書房新社
『ユーラシア・ブックレット』かつてのソ連圏の政治、経済、歴史、文化などをコンパクトに紹介したシリーズ。そのうち、ウラジオストクに関するテーマを扱うのは以下のタイトル。
No.73『ウラジオストクの日本人街　明治・大正時代の日露民間交流が語るもの』堀江満智
No.118『シベリア鉄道　洋の東西を結んだ一世紀』藤原浩
No.147『ウラジオストク　混迷と希望の 20 年』堀内賢志
『Modern Guidebook Primorye』（英語）
ウラジオストクで出版された旅行案内書「モダンガイドブックシリーズ」の沿海地方編。

観光ビザ　電子簡易ビザの発給で自由な旅行が実現している

数年前まで、ロシアの観光ビザを取得するにはバウチャー（旅行支払い証明書）と現地受け入れ先機関からの「旅行確認書」が必要だった。それを入手するためには、旅行会社に依頼し、ホテルや都市間の交通機関、現地ガイド、送迎などの手配をし、その予約証明書としてバウチャーを発行してもらう必要があった。

ところが、2017年8月からロシア沿海地方で日本人に対する電子簡易ビザが発給されるようになった。ウラジオストクを空路と航路で入国する場合と中国から沿海地方に鉄道で入国する場合、事前にネット申請しておけば、ロシア大使館で観光ビザを取得する必要がなくなったのだ。

電子簡易ビザ申請の諸注意

ビザ発行の費用は無料。申請日から4日間以内に発給され、「e-visa nontification」というタイトルのメールが届く。そこに添付されたPDFファイルをプリントアウトするか、スマートフォンで見せられる状態にしておけばいい。発給される電子簡易ビザはシングルエントリーで30日間有効、滞在期間は8日間以内。延長は不可。

申請は入国予定日の4～20日前まで可能だが、ここでいう8日間以内とは、入国した日を1日目として8日目の23時59分までに出国しなければならないので注意。また、30日間有効とは、申請時に記入した入国日から30日以内を指すため、入国日が予定より遅れると、8日以内でも滞在できないことがある。

極東ロシアの他の地方でも開始

2018年9月から極東ロシア4地方（ハバロフスク地方、サハリン州、アムール洲、カムチャツカ地方）でも電子簡易ビザが発給されるようになった。さらに2019年6月からウラン・ウデ、チタでも開始された。ただし、このビザは現状では地方単位で発給されるため、入国後、他の地方に行くことはできないのがルール。つまり、沿海地方で電子ビザを申請し、ウラジオストクに入国した場合、シベリア横断鉄道でハバロフスクに行くことはできないのだ。これがこの制度の難点だが、2021年よりロシア全土に拡大される予定。

電子簡易ビザの申請方法

2019年7月現在、極東ロシアの主要都市の空路と航路の入国に限り、電子簡易ビザのネット申請が可能。申請方法は、ロシア大使館公式ウェブサイトの「ロシア電子ビザ申請サイト（日本語）」にアクセスし、以下の手順に沿って個人情報や旅行日程などを入力するだけだ。

●ロシア電子ビザ申請サイト（日本語）
http://electronic-visa.kdmid.ru/index_jp.html

1. トップページの「電子ビザ取得の申請書を記入する」をクリックすると、申請ページに入る。
2. パスワードを登録する。
3. 申請書番号の通知（プリントアウトできる）
4. 個人情報（名前、居住地など）を入力する
5. 入国予定日を決める。申請日の5日後以降の入国が可能
6. パスポートナンバー、メールアドレスなどの入力
7. デジタルカメラなどで自撮りした顔写真をアップロードする。写真については細かい仕様が書かれているので要確認のこと
8. 最後に入力した内容を確認し、申請ボタンをクリックして終了

謎解きをひとまず終えて
魅力はフォトジェニックとスローライフ

日本を中心に中国や韓国を含めたフライト3時間圏内の同心円を描いたとき、ウラジオストクは最上位にランクされるフォトジェニックな町といえまいか。

何よりヨーロッパの港町がそこにあることが、周辺の国や地域との差別化を実現している。ロシア正教会のタマネギ屋根のシルエットは、おとぎ話の世界に誘い込まれるような不思議な印象を与えるし、ソ連時代の路面電車やケーブルカーなどのレトロな乗り物も残っている。市場に並ぶ泥だらけのニンジンやタイガの森で採れた食材、ロシア人の生活に欠かせないサモワールなどの日用品、フォークロア感あふれる手づくり雑貨、そしてキリル文字によるデザインなど、日本ではなじみのない被写体がたくさんある。

だが、何より魅力的な被写体は、この町に暮らす人たちではないだろうか。

彼らは、カメラを向けると、臆することなくポージングしてくれる。少々やりすぎに思えるポーズもそれなりにカッコよく見えるのは、スラブの血のなせるわざだろうか。いまどきEUの国々では、個人情報保護法のせいで、街角で撮った人物ポートレイトを承諾なしにメディアに掲載するのはご法度だ。その点、ロシアにはその縛りはない。ないどころか、彼らは撮られるのがまんざら嫌いではなさそうだ。

実際、これほど人物スナップ撮影が楽しめる町はない。笑顔で近づいてくる日本人には親しみを精いっぱい表現して返してくれる。地域的にアジアの人々との交流に慣れているせいもあるだろうが、ソ連解体後の苦難を乗り越えた経緯で日本ファンになった人も多い。この心温まる蜜月時代を楽しみたい。

ウラジオストクでは、スローライフを満喫できる。夏は郊外で家庭菜園を行うダーチャの習慣もそうだが、自然食に対する関心が高い。一般にロシアの人たちは近隣アジアの人たちに比べると、のんびり屋である。もっとも、人々の芸術に対する感度は優れていて、日常に溶け込んでいる。忙《せわ》しなく生きる日本での生活を見直したくなるほどだ。そのくせ、都市インフラは少々遅れている面もあり、私たちを驚かすこともある。

それを差し引いても、これらの魅力は得がたいものだ。これなら韓国や台湾、香港と同じ「安近短」の週末旅行先の仲間入りができるはず。本書を読んで、それに気づいてもらえれば本望である。ご自身の目で確かめていただければうれしい。

本書は、ウラジオストクに関わる同志的な人々の協力なくしてはありえなかった。現地在住で旅行業を営む宮本智さんの驚くべきフットワークと本質を見抜く目にはいつも感心させられた。通訳やシェフ、ミュージシャンとして日本で多彩な才能を発揮している、ウラジオストク出身のA・アレックスさんの存在も大きかった。20世紀初頭にウラジオストクで事業を営んでいた日本人の親族のひとり、堀江満智さんにも多くの知見をいただいた。そして、本書の写真を撮影してくれた長年の相棒、佐藤憲一さんと一緒に旅した日々がなければ、この本は成立しなかっただろう。心より感謝申し上げたい。

２０１９年７月　中村正人

Profile

中村正人（なかむら　まさと）

旅行ジャーナリスト。中国や極東ロシア方面に詳しい。『Platウラジオストク』『地球の歩き方　極東ロシア　シベリア　サハリン』『同　大連　瀋陽　ハルビン』（ダイヤモンド・ビッグ社）などの編集担当。Webサイト「ボーダーツーリズム＝国境観光を楽しもう」を運営。国内ではインバウンドツーリズムの取材を続けており、ブログ「ニッポンのインバウンド“参与観察”日誌』を主宰。著書に『「ポスト爆買い」時代のインバウンド戦略』（扶桑社）などがある。

日本《にほん》から2時間半《じかんはん》で行《い》けるヨーロッパ
ウラジオストクを旅《たび》する43の理由《りゆう》

2019年7月30日　第1刷発行

著　者　　中村正人
発行者　　三宮博信

写　真　　　佐藤憲一
ブックデザイン　原田郁麻
地図制作　　中井 涼

発行所　朝日新聞出版
〒104-8011　東京都中央区築地5-3-2
電話 03-5541-8832（編集）
　　03-5540-7793（販売）

印刷所 大日本印刷株式会社

ISBN 978-4-02-251620-6